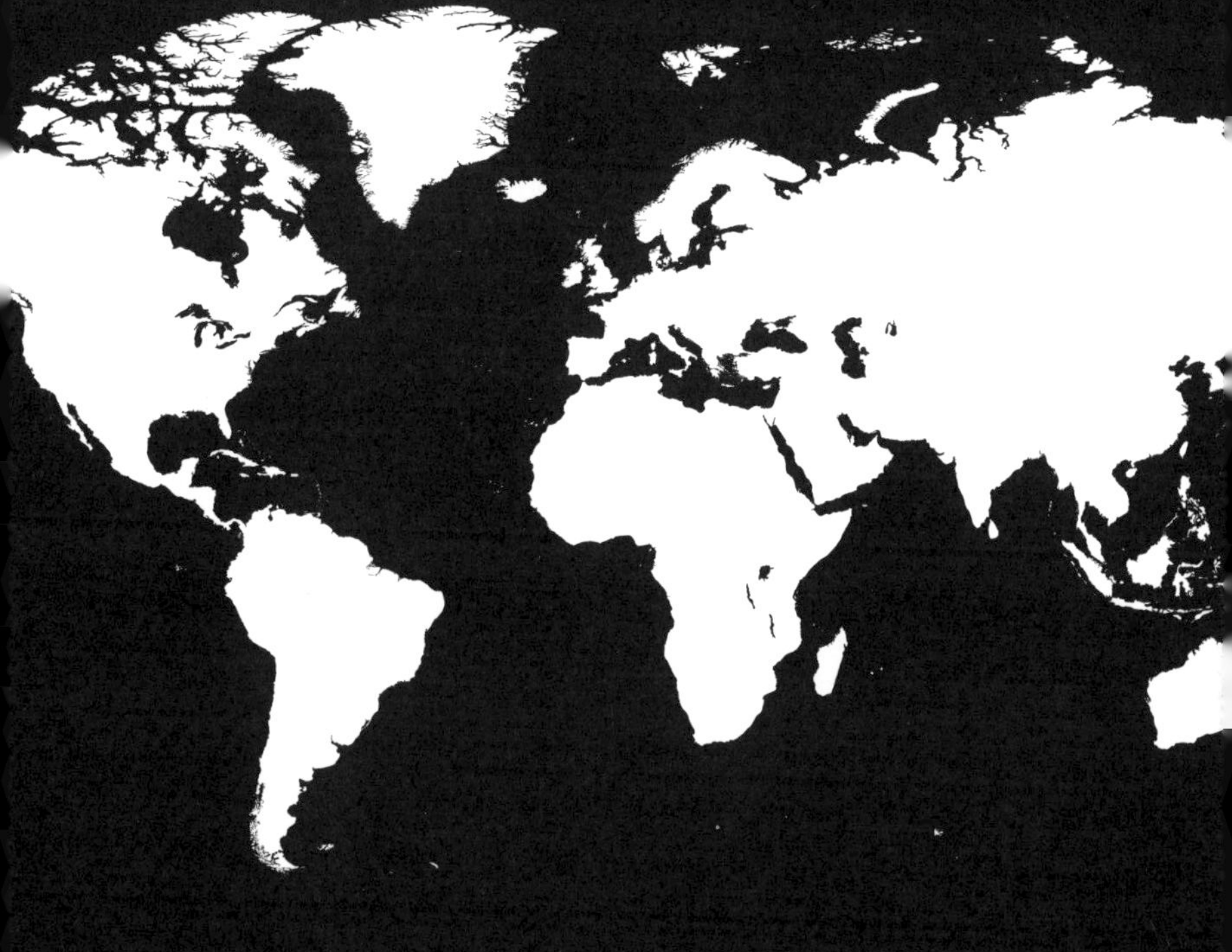

UNDERSTANDING ECONOMICS :
A HISTORICAL APPROACH

経済は世界史から学べ!

駿台予備学校 世界史科講師
茂木誠

ダイヤモンド社

世界史《ストーリー》を知れば、経済ニュースがもっとわかる！

私は予備校で、高校生や高卒生に「世界史」を教えています。模試ではそこそこの成績をとる学生に、たとえばこういう質問をしても、ほとんど答えられません。


「デフレって説明できる？」

「ＴＰＰって何？」

「プラザ合意って何？」

「どうして消費税を上げるの？」

「サブプライムローンって知ってる？」


「デフレ」「ＴＰＰ」といった言葉は、ニュースや新聞によく出てきますが、**学校ではほとんど教えられていない**ようです。

ネアンデルタール人や縄文時代について学ぶのもよいのですが、現代を生きる若者にとって、最低限必要な「教養としての経済学」が欠けていると感じます。

この経済ニュースの「意味」、わかりますか？

こうやって、**「経済のことをよく知らないまま大人になってしまった方」**や**「今さら聞けなくて困っている方」**が、実はたくさんいらっしゃるのではないでしょうか？

政治や社会に関するニュースと比較したときに、「経済ニュース」は非常に多くの予備知識――教養としての経済学を必要とします。

たとえば、次のような新聞記事。

〝環太平洋経済連携協定（ＴＰＰ）の米国との交渉で日本は関税をなくす品目の割合を示す自由化率を初めて90％台に乗せた。関税をなくしたことのない農産品や水産品なども一部は撤廃の対象に含めた。米国の求めに応える姿勢を見せて連携する狙いがある。だが、米国は日本を上回る自由化率案を示しており、妥結まで課題はなお山積している。〟

（『日本経済新聞』朝刊　２０１３年10月4日）

「なぜ」「どうして」は、歴史をひもとけば、よくわかる

なんとなくではありますが、「日本とアメリカの交渉は難航している」ということがわかります。

しかし、この記事の真意を理解するには、

「そもそも、ＴＰＰとは何なのか？」
「日本は、農産品や水産品の関税をなくしたことがないのか？」
「なぜアメリカは、日本に自由化を迫っているのか？」

こうした知識が欠かせません。

本書は、**経済をより深く理解するために、歴史、つまり「物事の成り立ちから学ぶ」というアプローチをとったもの**です。

これから経済のことを勉強したい方へ

○『日経新聞』などを読んでも根本的なことがどうもわからないという方
○「教養としての経済学」を学ぶ機会がないまま社会人になってしまった方
○子どもの素朴な質問にうまく答えられなかった方
○通貨・金融・為替・貿易などが「なぜそうなったのか」を歴史的に学びたいという方

本書は、こうした皆さまを対象とした入門書です。

大学で経済学を学んだことがない方や経済の専門書を読まない方でも理解できるように、専門用語は使わずに（どうしても使う場合はやさしく説明しながら）執筆しました。

本書をきっかけに、会社帰りの居酒屋談義や、家庭での親子の対話などで、消費増税やＴＰＰ、日銀の金融政策などが話題になってくれれば、著者にとって望外の喜びです。

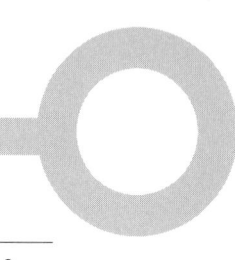

経済は世界史から学べ！ 目次

UNDERSTANDING ECONOMICS: A HISTORICAL APPROACH

第2章 お金（2） 世界経済と国際通貨

第3章 貿易 経済の自由化

第4章 金融 投資とバブル

第5章 財政 国家とお金

装幀・本文デザイン・イラスト　中村勝紀（TOKYO LAND）

第1章

お金(1)

円・ドル・ユーロの成り立ち

- THEME -

MONEY (1)

UNDERSTANDING ECONOMICS:
A HISTORICAL APPROACH

NO.
01
UNDERSTANDING ECONOMICS: A HISTORICAL APPROACH

なぜ、1万円札には「1万円の価値」があるのか？

お金を支えるのは発行者の「信用」

「お金」の価値はどうやって決まるのでしょうか。たとえば、金貨・銀貨なら「このコインは金何グラムなので〇〇円」と重さで価値が決まります。ところが紙幣、たとえば1万円札などは、ただの紙切れに「1万円」と書かれてあるだけですね。何がこうした価値を保証するのでしょうか。

それは発行者の「信用」です。

国ではなく、金融業者が紙幣を作った

民間の金融業者が、**金銀の預かり証**として発行したのが紙幣の始まりです。**金銀をたく**

さん持っている金融業者が発行するため、信用されたわけです。

これが社会に流通してくると、政府がこれを真似して紙幣を発行しようとします。「この紙幣は○○円であ〜る。信用せよ」と、政府がお墨つきを与えるわけです。

世界最初の紙幣は北宋の「交子《こうし》」です。内陸の四川《しせん》で発行されました。

当時、中国で広く流通していたのは銅銭ですが、銅の産出が少ない四川では鉄銭を使用していました。しかし鉄銭は重く、高額の取引には向きません。

そこで金融業者は商人から鉄銭を預かり、引換券として紙幣を発行したのです。北宋政府は商人からこの権利をとり上げ、交子を発行します。政府が保有する銅銭を準備金(担保)として、発行額には上限が定められました。

ところが、政府というのは無駄遣いに走りがちです。戦争や公共事業、宮廷の浪費を賄うため、上限を超えて紙幣を乱発し、信用が一気に失われます。**紙幣乱発による通貨価値の下落――すなわちインフレが起こる**わけです。

北宋の交子、南宋の会子《かいし》、元の交鈔《こうしょう》、すべて同じ経緯で紙くずになり、「インフレ→農民暴動→王朝崩壊」という経過をたどりました。

中世ヨーロッパでは、フィレンツェ共和国のフローリン金貨、ヴェネツィア共和国のドゥカート金貨などが流通していました。これら金銀貨幣を民間の金融業者が預かり、手形（紙幣）を発行したのは中国と同じです。

なぜ、中央銀行がお金を作るようになったのか？

続いて、通貨発行権を握る中央銀行が出現します。日本では、この権利を持っているのは日本銀行であり、政府ではありません。**発行者の信用という意味では、政府のほうがいいような気もします。どうして、政府が直接発行しないのでしょうか。**歴史的な経緯を見ていきましょう。

中世の王たちは、戦争などの出費があれば、大商人から高利で融資を受け、踏み倒すこともしばしばでした。絶対主義の時代、国王が中央集権化を進め、通貨発行権も手中に収めます。最初に紙幣を発行したのはスウェーデン王国のカール10世で、民間のストックホルム銀行に紙幣を発行させました。しかし戦費を紙幣増刷で賄おうとしたため、インフレが発生し、ストックホルム銀行は数年で倒産。その反省から、スウェーデン議会は新たにリクス銀行を設立し、国王の恣意的な支配から独立した中央銀行を作ります。

イギリスでは、金細工師《ゴールド・スミス》が発行する金銀の預かり証が紙幣の起源とされます。名誉革命で即位した国王ウィリアム3世は、フランスとの植民地戦争による財政赤字に苦しみ、国

お金と銀行の歴史

そもそもお金とは

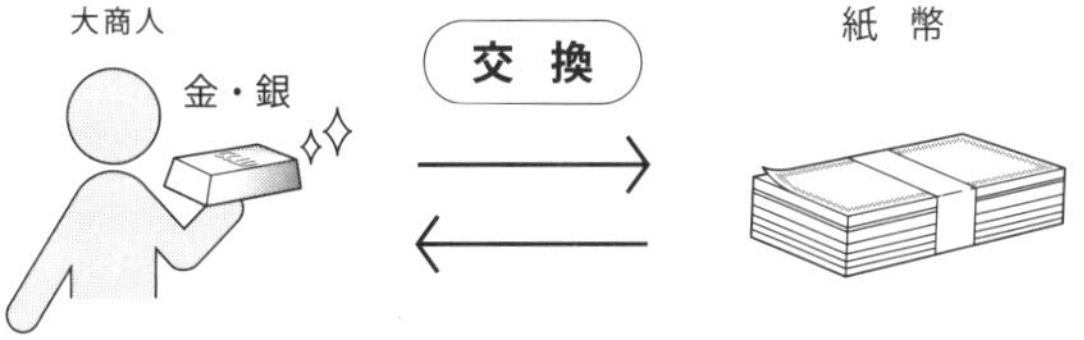

金銀の預かり証として発行されたのが始まり。
「信用」から生まれたシステム

ところが、これを国が管理すると…

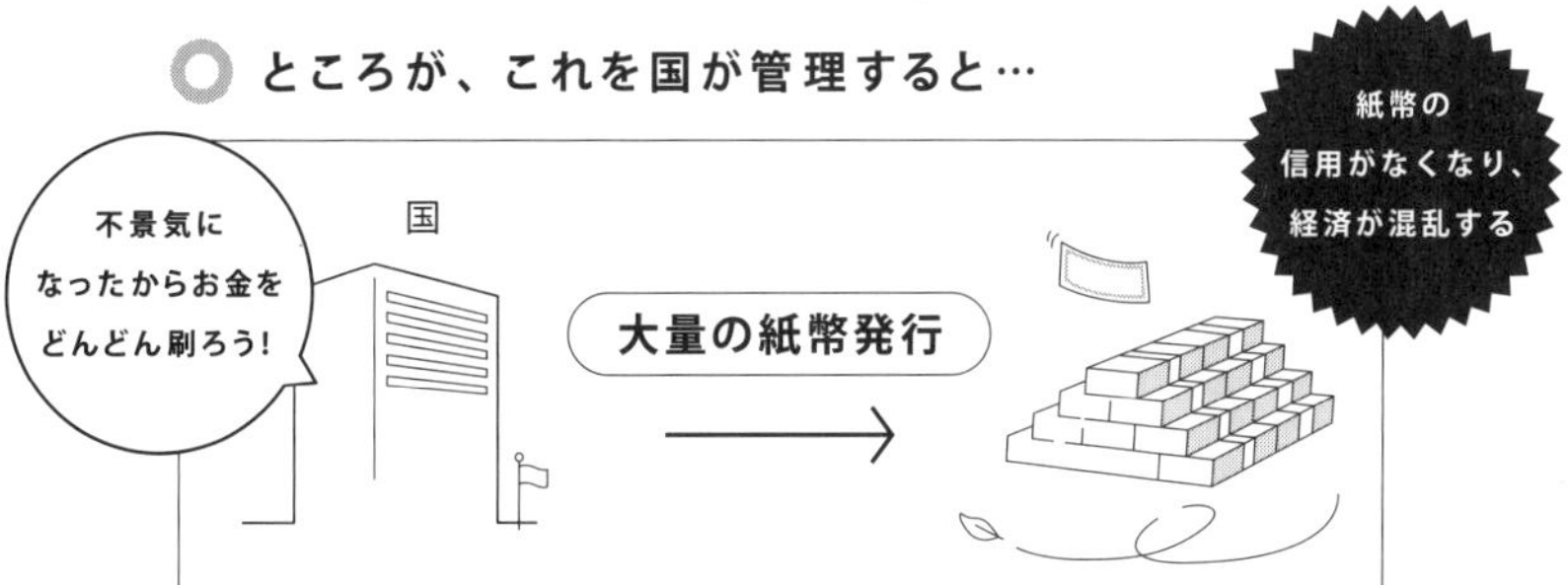

この繰り返しで、たくさんの国が滅んだ

POINT

この結果、国ではなく第三者である銀行がお金を管理するようになった

債を引き受けさせるため、ロンドンの資本家グループに**イングランド銀行**の設立を許可しました。イングランド銀行が王から得たものは、**紙幣ポンドの発行権**と国債の利払いです。

中央銀行の持つ大きな役割

これはつまり、**国の借金ともいえる国債を引き受けることが、中央銀行設立の動機だった**ことを意味します。イングランド銀行はずっと民間銀行として存続し、19世紀に唯一の発券銀行となりました。国有化されたのは第二次世界大戦後です。

以上のように、政府が直接、通貨発行権を握ってしまうと、紙幣の乱発によりインフレを招きやすくなります。そこで、銀行に国債を引き受けさせ、代わりに通貨発行権を独占させたのです。この仕組みは、日本をはじめ、多くの国で適用されて、紙幣の供給量を増やしたい政府と、それに抵抗する中央銀行との駆け引きは、今も各国で続いています。

KEY PERSON

ウィリアム３世

オランダ総督。イギリス王女との婚姻関係から名誉革命に協力してイギリス王として即位。フランスとの植民地戦争で財政難に陥り、イングランド銀行の設立を許可した。

ドルの歴史 ——巨大財閥が「ドル」を動かす

かつてアメリカには、「2つのドル紙幣」が存在していた

NO. 02

UNDERSTANDING ECONOMICS: A HISTORICAL APPROACH

日本円を発行するのは日本銀行ですが、ドルを発行する「アメリカ銀行」は存在しません。ドルを発行しているのは、**連邦準備制度理事会（ＦＲＢ）**という組織です。ＦＲＢ成立までの流れを追っていきましょう。そこには、戦争、暗殺、巨大財閥の台頭という血塗られた歴史があるのです。

通貨をめぐって、アメリカ国内はもめにもめた！

アメリカでは、植民地時代から各州が独自の通貨を発行していました。日本で考えると、東京と埼玉で違う通貨が流通しているようなものです。

イギリスからの独立後、初代大統領ワシントンの右腕だったハミルトン財務長官が通貨統一を目指します。合衆国銀行を設立し、**統一通貨ドル**の発行権を与えました。欧州連合（ＥＵ）の結成によって、欧州各国が統一通貨ユーロを採用したのと同じ流れです。

合衆国銀行の出資金のうち、連邦政府（米国の中央政府）が2割を、残りはニューヨークの金融資本や欧州の国際金融資本が負担しました。このため南部諸州を中心に、「北部の金融資本が連邦政府と結託し、各州の自治を脅かしている」という不満が高まり、南部出身のジャクソン大統領は合衆国銀行を閉鎖に追い込みます。

欧州大陸から５０００キロ離れ、モンロー主義を掲げて戦争に巻き込まれることを避けていたアメリカは、軍備も最小限で済み、連邦政府も財源には困らなかったのです。

北部と南部の対立は、貿易と奴隷制をめぐってもエスカレート。北部人、**リンカーン**の大統領当選を機に、南部11州が独立を宣言して南北戦争が勃発します。

システムは整ったように見えたが……

戦費調達のため、リンカーン大統領は**政府紙幣の発行**を行います。グリーンバックと呼ばれる緑色の財務省紙幣に続いて、政府の統制下にある「ナショナル・バンク」に紙幣発行権を与え、その代わりに国債を引き受けさせました。戦争は北部の勝利に終わりますが、その直後、リンカーンは暗殺されてしまいます。犯人は南部人でしたが、リンカーン政権による通貨発行権の独占に脅威を感じた国際金融資本が、リンカーン暗殺の犯人に資金提供していたのでは、という説もあります。

巨大財閥がアメリカを動かしていく

南北戦争後のアメリカは、イギリスを抜いて世界最大の工業国となり、ロックフェラー、ＪＰモルガンなどの新興財閥が巨大な力を持ちます。特に**モルガン銀行の資金力は金融危機のたびにアメリカを救い、事実上の中央銀行**のようになりました。

その結果、金融資本は政府紙幣に反対し、彼らが保有する**金と等価交換される兌換《だかん》紙幣を発行するシステム（金本位制）**の採用を要求しました。１９０７年の恐慌のあと、モルガン、ロックフェラーら金融資本が中央銀行の設立と出資について合意し、ウィルソン大統領の認可を得て発足したのがＦＲＢです

ＦＲＢの執行機関である理事会のメンバーは大統領が指名しますが、**全米12カ所に置かれた連邦準備銀行の出資者はすべて民間の金融機関**です。これは今も変わりません。株式

の大半を日本政府が所有している日本銀行とは、かなり性格が違います。

ケネディ暗殺によって、政府と銀行の争いは終わる

通貨発行権をめぐる政府と金融資本との綱引きは、1960年代に再び起こりました。ヴェトナム戦争の戦費と福祉予算の財源捻出のため、**ケネディ大統領は大統領令で合衆国紙幣を財務省に発行させた**のです。

ドル紙幣の上部にFederal Reserve Noteと書いてあるのがFRB発行の紙幣。United States Noteと書いてあるのが財務省発行の合衆国紙幣です。当時、アメリカ国内には2つのドル紙幣が存在していたのです。しかし、このケネディも暗殺され、財務省発行の合衆国紙幣は回収されます。ケネディ暗殺の容疑者は多すぎて何ともいえません。リンカーン暗殺との共通性を疑う説もあります。真相は闇の中です。

KEY PERSON

リンカーン

アメリカ大統領。北部の金融資本に支持され共和党から大統領に。これに反発した南部11州との南北戦争では戦費調達のため政府紙幣を発行して勝利したが、戦後暗殺される。

円の成立①
「金」をめぐる幕末の通貨戦争とは？

NO. 03
UNDERSTANDING ECONOMICS: A HISTORICAL APPROACH

江戸幕府の貨幣制度を悪用した外国商人

奥州藤原氏が建てた平泉金色《こんじき》堂、源義経をかくまった砂金商人・金売吉次《かねうりきつじ》の伝説、マルコ＝ポーロが伝えた「黄金の国ジパング」。日本が金《きん》の産出国だった証拠です。**時代劇にもでてくるように、江戸時代では金で作られた小判《こばん》が流通していました。しかし現代では金貨は流通していません。**何が起こったのでしょうか。

日本に小判が登場するまで

飛鳥時代、唐の銅銭を模倣した富本銭《ふほんせん》や和同開珎《わどうかいちん》が発行されましたが、流通量が極端に少なく、地方では物々交換が続いていたようです。

戦国時代になると、各地戦国大名は金山・銀山の採掘を進め、領内で通用する貨幣を発行しています。武田信玄が発行した甲州金は、江戸時代まで流通していました。

島根県の石見《いわみ》銀山は、世界遺産に登録されたほど有名な銀山です。戦国時代には、スペインが開発した南米のポトシ銀山に次ぐ世界第2の産出量を誇りました。

西日本は世界有数の銀の産地となり、中国商人やポルトガル商人、オランダ商人が日本銀を求めて相次いで来航しました。彼らが日本に売り込んだものは、中国の絹織物や陶磁器、ポルトガルの鉄砲でした。

東日本は古代から金の産出が多く、江戸時代になって佐渡金山の大開発も始まりました。この結果、**江戸時代の西日本では銀貨が、東日本では金貨が高額貨幣として流通します。庶民レベルで使っていた銅銭も含め、金・銀・銅の3種類の通貨が流通**し、このほかに藩札《はんさつ》と呼ばれる紙幣を発行する藩もありました。

不況を乗り切るための政策が……

幕府も各藩も、年貢は米で徴収していましたから、米も貨幣の役割をしました。このように江戸時代の通貨体系はものすごく複雑で、大都市には専門の両替商がいて、細かい計算をしていました。

元禄時代になると金銀が枯渇し、幕府の財政が苦しくなってきます。5代将軍、徳川綱吉の勘定奉行《かんじょうぶぎょう》(財務大臣)を務めた**荻原重秀《おぎわらしげひで》**は、金銀の純度を下げる貨幣改鋳を行います。

「貨幣は国家が造る所、瓦礫《がれき》を以ってこれに代えるといえども、まさに行うべし」

(貨幣価値は、国家の信用で決まる。瓦礫を貨幣とすることさえできるのだ)

この荻原重秀の言葉は、**貨幣価値が金銀の含有量で決まる「本位通貨」から、政府が通貨価値を決定できる「信用通貨」への転換を表現**したものとして重要です。

荻原は失脚しましたが(P190)信用通貨の思想は受け継がれます。**田沼意次《おきつぐ》**が関与した明和《めいわ》の通貨改革では、小判(金貨)1両=一分銀《いちぶぎん》(銀貨)4枚のレートを固定しました。「小判1両を一分銀4枚と交換せよ」と幕府の権威で保証したのです。

ところが欧米では本位通貨制が続いていました。銀貨の価値は重さ(=銀の含有量)で決まっていたのです。しかも、銀山の乱開発により銀の価値が下がり、逆に金の価値が高騰します。ペリー来航で日本が開国すると、外国商人の間で日本における金の安さが評判になります。

「1ドル銀貨は、日本のイチブ銀貨3枚と同じ重さ(24グラム)だ」

「日本では、なぜかイチブ銀貨4枚をコバン金貨1枚と両替している」
「コバン金貨1枚は、世界市場では4ドル銀貨と両替できる」

外国商人は次のような錬金術で、日本の金銀を持ち去ります。
「4ドル銀貨を日本に持ち込んで12イチブ銀貨と両替」→「12イチブ銀貨を3コバン金貨と両替」→「3コバン金貨を日本国外に持ち出し、12ドル銀貨と両替すれば最初の4ドルが12ドルに増える」。

外国商人は笑いが止まりません。幕府はやむなく、従来の天保小判の3分の1の重さの万延小判を発行し、金の流出を食い止めました。間もなく明治維新が起こり、小判は円に切り替えられます。

KEY PERSON

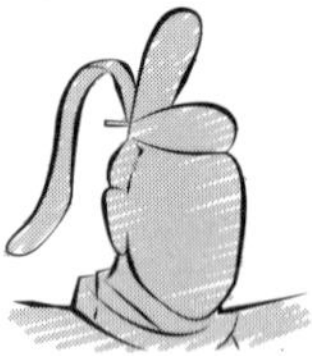

荻原重秀

江戸幕府の勘定奉行。5代将軍・徳川綱吉に抜擢され、財政再建のため再検地（国税調査）と貨幣改鋳（金融緩和）を実施。元禄バブルを現出したが、悪性インフレを招く。

なぜ、日本の金は流出してしまったのか？

外国商人の錬金術（1〜3を繰り返す）

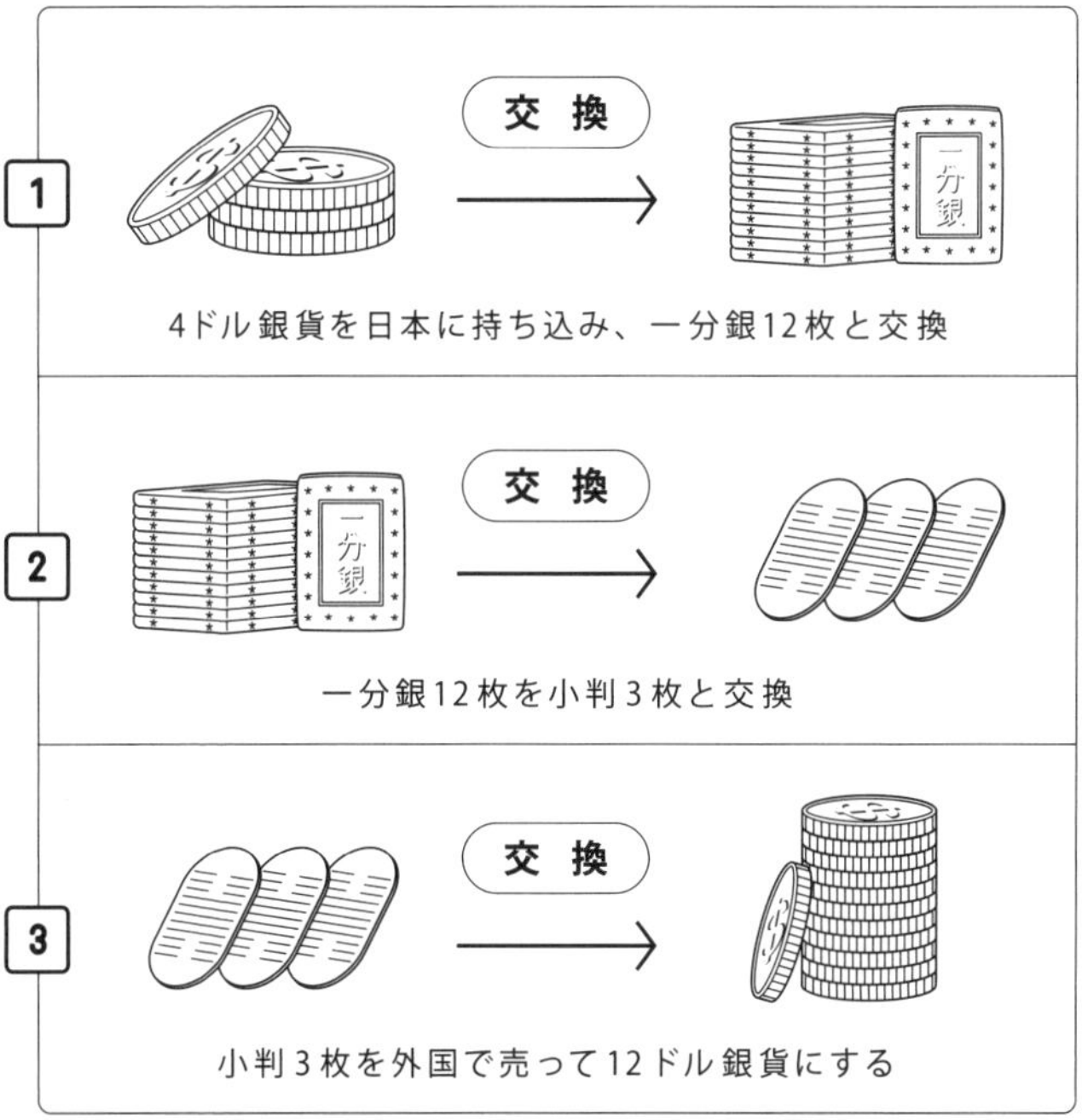
1
交換
一分銀
4ドル銀貨を日本に持ち込み、一分銀12枚と交換
2
交換
一分銀
一分銀12枚を小判3枚と交換
3
交換
小判3枚を外国で売って12ドル銀貨にする

POINT

日本と外国の金銀交換比率が異なっていたため

円の成立②
大蔵省と日銀の戦い

通貨発行権をめぐって、「官」と「民」は戦い続けてきた

NO. 04

UNDERSTANDING ECONOMICS: A HISTORICAL APPROACH

お手元の1万円札を手にとってよく見て下さい。印刷されたただの紙ですね。1万円札の原価は約20円です。**20円の紙切れを、国民は1万円だと思い込まされているわけです。誰が騙しているのかは、お札にちゃんと印刷されています。「日本銀行」**です。

私たちは生まれたときから「お札」がありますから疑問に思いません。ところが江戸時代までは、小判などの金貨が流通していました。はじめて日本円と称する「お札」を見た明治時代の人々は、これを信用したのでしょうか？

明治維新後、新政府は殖産興業・富国強兵を進めるため太政官札《だじょうかんさつ》という政府紙幣を発行しますが、新政府の信用が低いため流通しません。大蔵次官だった**大隈重信**は、香港ドル銀貨をモデルに**新たな銀貨「円」**を発行し、1円＝小判1両として旧貨幣や太政官札との

交換を進めました。

「民」が大きな力をつけるようになる

大隈は、リンカーンのナショナル・バンクをモデルに国立銀行を認可し、円の発行権を与えます。設立順に第一国立銀行、第二国立銀行……と、全部で153の国立銀行が設立されました。第一国立銀行の出資者は両替商の三井組です。**後の三井グループ**です。

西南戦争は西郷隆盛の自決をもって鎮圧されましたが、軍事費を賄うため国立銀行が紙幣を乱発したことにより、例によって貨幣価値の下落——インフレが起こります。

大蔵卿（財務大臣）の**松方正義**《まさよし》はインフレ克服のため、イングランド銀行のような中央銀行として**日本銀行を設立**します。ここで、私たちが使っている**「日本銀行券」**が発行され、従来の国立銀行は純粋な市中銀行となりました。

日銀の出資者は、半分は政府、半分は民間（三菱・三井・安田財閥）です。その結果、日銀総裁には大蔵官僚か、三菱財閥や三井財閥の出身者が就任しました。

昭和恐慌下、**高橋是清**《これきよ》蔵相は積極財政を進めて日銀に円を増刷させ、不況を脱することに成功しますが、緊縮財政に転じようとして、二・二六事件で暗殺されてしまいました。

日本が戦争を続けられたのは、国が通貨発行権を握ったから

これ以後、歯止めのない通貨発行が日本の戦争を際限なく拡大していきます。**戦時下に制定された日銀法により、大蔵省の一部局となった日銀**には、これを止める力はありませんでした。やはり、通貨発行権を国が管理すると、ロクなことがありません。

敗戦後、GHQと協力した日銀は、ドルとの交換レートを固定された「新円」を発行し、戦後インフレを克服。1960年代の高度経済成長を支えます。その後、大蔵事務次官と日銀副総裁が交代で日銀総裁に就任する「たすきがけ人事」が慣例となりますが、旧日銀法により、事実上、**日銀を支配していたのは大蔵省**でした。

1971年のニクソン・ショックで円も変動相場制に移行します（P61）。対日貿易赤字に米国はいらだち、主要5カ国の中央銀行に「円買いドル売り」の協調介入を求め、日本の金融政策への干渉を強めました（P65）。

「日・米の貿易と投資の不均衡は、日本経済の閉鎖性に原因がある」として日本経済の構造改革を米国は求め、日本でも**金融自由化、郵政民営化などと並んで「日銀の独立性」**が叫ばれるようになります。

この結果、日銀法改正（1997年）によって日銀は大蔵省から独立するのです。

日本銀行と政府の関係

そもそも日本銀行とは

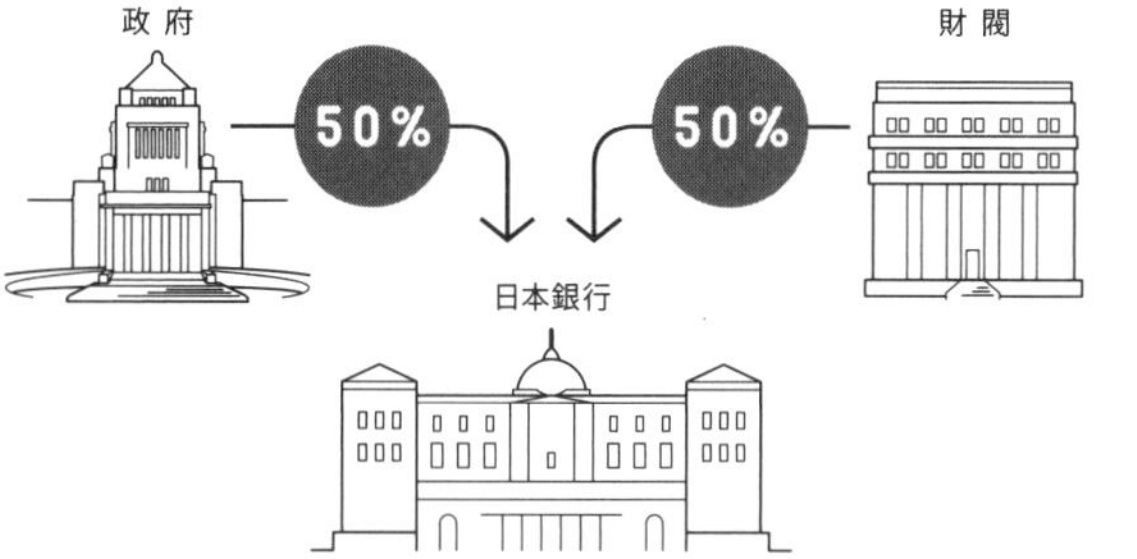

「官」と「民」の共同出資によって生まれる

その後、紆余曲折を経て、日本銀行は国から独立するものの、

POINT

金融政策をめぐって、
政府と日本銀行は対立している

速水優《はやみまさる》・福井俊彦・白川方明と3代続いて日銀出身者が総裁に就任し、**「通貨の安定」**、**「中央銀行の独立」**をタテに、**政府の金融政策――金融緩和（円の増刷）に抵抗**し続けます。一方、大蔵省は省庁再編（２００１年）により財務省と金融庁などに解体され、発言権が弱まります。バブル崩壊後のデフレ不況が始まった時期です。

アベノミクスは、政府による日銀コントロール

15年続いたデフレ不況を経て、金融緩和によるデフレ脱却（アベノミクス）を掲げて発足した安倍政権は、財務官出身の黒田東彦《はるひこ》を日銀総裁に任命し、金融緩和を迫ります。

政府・財務省と日銀との駆け引きの裏には、「そもそも通貨発行権は誰が握るのか？」という中央銀行発足以来、繰り返されたテーマが浮かび上がっているのです。

KEY PERSON

松方正義

明治初期の大蔵卿、財務大臣。西南戦争の戦費調達のための紙幣の乱発によるインフレを収束するため、日本銀行を設立し、銀本位制に基づく日本銀行券を発行した。

NO.05
UNDERSTANDING ECONOMICS: A HISTORICAL APPROACH

ユーロ圏をあやつる「第四帝国」

統一通貨のメリットとデメリットとは？

ここまで円、ドルの誕生について見てきました。次はユーロを見てみましょう。ユーロを発行しているのは**欧州中央銀行（ＥＣＢ）**です。

通貨発行権は、徴税権や領土・領海の支配権と並ぶ国家主権の重要な一部です。第二次世界大戦後、米・ソの二極支配に対抗するため、欧州は欧州共同体（ＥＣ）を結成しましたが、どの国も通貨発行権だけは手放そうとしませんでした。

両替手数料、為替リスクが大きなネック

ＥＣ内部では、市場統合が実現しているので「ヒト・モノ・カネ」が国境を越えて自由

に移動を始めます。しかし、通貨がバラバラで不便でした。

たとえばイタリア人がフランスに出稼ぎにいくと、給与はフランスの通貨フランでもらいます。これを銀行でイタリアの通貨リラに両替するとき、だいたい3%の手数料をとられます。また、変動相場制のもとでは、リラ高フラン安になれば、両替時に受けとるリラが目減りしてしまいます。そこで、**両替手数料を廃止し、為替リスクをなくすために、欧州各国の通貨を統合してしまおう**、という話になったのです。

ドイツがユーロ導入に熱心だった理由

最大の出資国として通貨統合をリードしたのは、**輸出大国の西ドイツ**です。これには次のような理由があります。

貿易黒字国の通貨は値上がりしますので、本来はマルク高になってドイツの輸出にはブレーキがかかります。しかし、**マルクを捨てて統一通貨に加われば、マルク高不況にならずに済みます。**

冷戦終結と東西ドイツ統一（1990年）を経て、マーストリヒト条約（1993年）により**欧州連合（EU）**が発足します。ユーロとECBは、最大の出資者であるドイツ連

ドイツがユーロ導入を進めた理由

ドイツは輸出大国
そのためマルク高になり、輸出にブレーキがかかるようになった

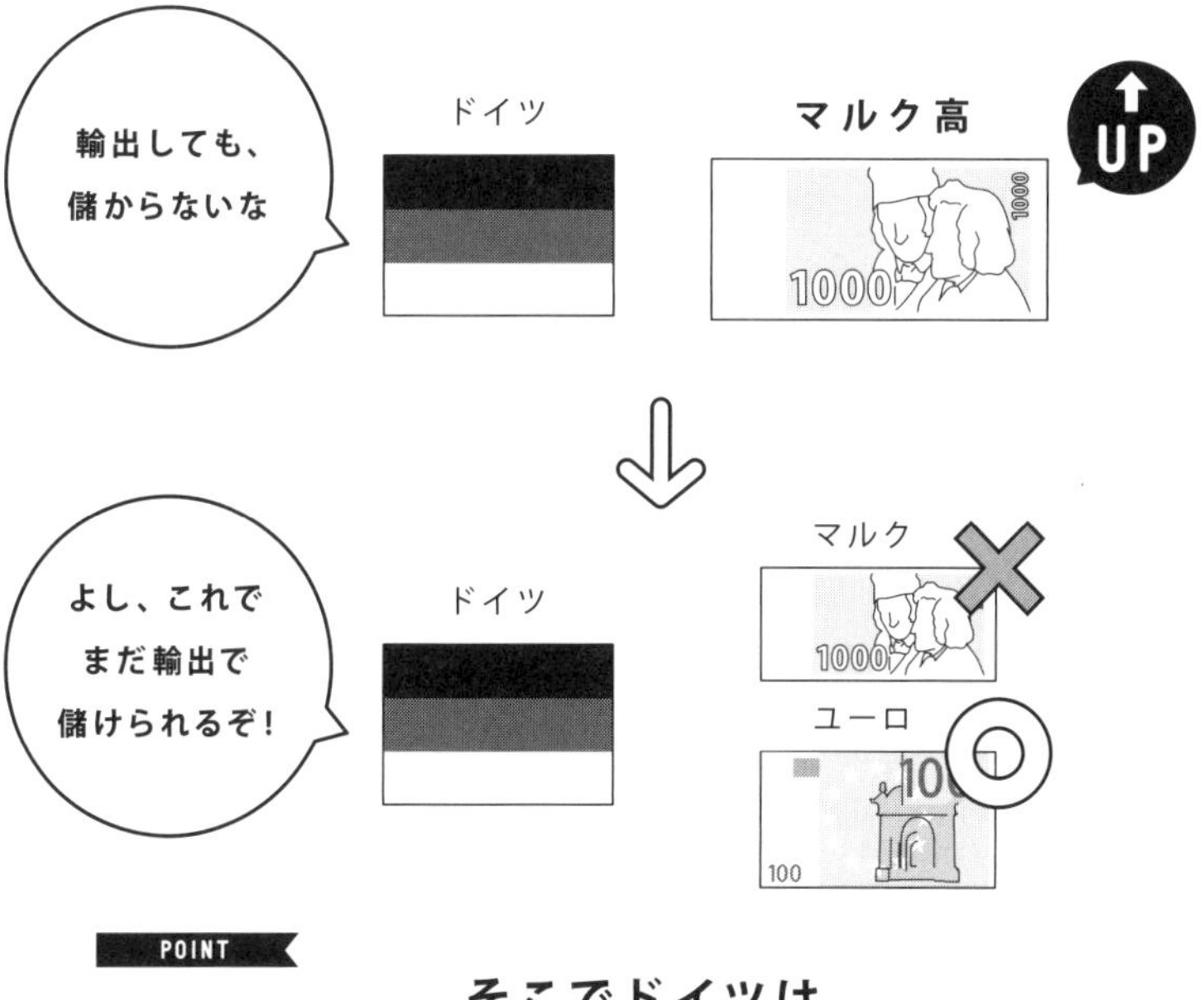
輸出しても、
儲からないな
ドイツ
マルク高
UP
1000
よし、これで
まだ輸出で
儲けられるぞ！
ドイツ
マルク
1000
ユーロ
100

POINT

そこでドイツは、
マルク高をおさえるため、マルクを捨てて、
ユーロ導入に乗り出した

邦銀行が中心となって設立。ＥＣＢ本部もドイツのフランクフルトに置かれました。

ＥＣＢは各国政府から完全に独立した超国家機関です。加盟各国は、ＥＣＢへの出資金に応じてユーロを受け取ります。**金利の決定や為替介入などの金融政策はＥＣＢが決定します。各国中央銀行は、通貨発行権も金利決定権も失った**のです。

不景気になったとき、国家が行える政策としては、「①紙幣の流通量を増やす」「②減税する」「③公共事業を増やす」という３つが挙げられます。このうちの①をＥＣＢが完全にコントロールしているわけです。

各国は独自に「減税と公共事業で景気を刺激する」ことはできますが、「ユーロ（紙幣）を増刷する」という決定はできないのです。**「中央銀行の独立」を極限まで進めたのがＥＣＢ**だといえます。

ギリシア危機で大儲けした国

さて、ここからユーロ暴落を引き起こした**ギリシア財政危機**を見ていきましょう。

財政赤字を抱えるギリシア政府がＥＣＢにユーロの融資を求めると、ＥＣＢは融資の条件として、「ギリシアは無駄な公共事業や福祉をやめ、増税して財政再建しろ」と勧告します。ギリシア政府がＥＣＢの要求を拒否すれば融資がストップし、ＥＣＢの要求に従えば、痛みを押しつけられる国民が猛反発してストライキや暴動を起こします。

ギリシアで混乱が続くのは、ユーロ採用に伴い、独自通貨ドラクマの発行権を手放してしまったことが最大の原因です。ギリシアの混乱はユーロ全体の信用を傷つけ、世界中でユーロが売られて**ユーロ安**を引き起こしました。このユーロ安で収益を拡大したのがドイツの輸出産業です。ユーロ安はドイツ製品の価格を引き下げるからです。

「ギリシアの混乱↓ユーロ下落↓ドイツの輸出産業ぼろ儲け↓ギリシアがＥＣＢにユーロ融資を求める↓ドイツを中心とするＥＣＢがギリシアに内政干渉まがいの改革要求」

かつてナチス・ドイツ（第三帝国）は軍事力によって欧州を支配しました。**今のドイツは「ユーロを通じて欧州を支配する第四帝国だ」、と皮肉られています。**

イギリスは、ドイツの金融支配や移民流入を警戒してユーロを採用せず、２０１６年の国民投票でＥＵ離脱を選択しました。今も「女王陛下の通貨」ポンドを守っています。

KEY PERSON

メルケル

ドイツ首相。保守派のCDUから初の女性首相に選出。ユーロ危機を生かしてドイツの輸出産業を急成長させる一方、中東からの大量難民の受け入れが大混乱を招いた。

第2章

お金（2）

世界経済と国際通貨

- THEME -

MONEY (2)

UNDERSTANDING ECONOMICS:
A HISTORICAL APPROACH

なぜ、世界中の国々でドルが使えるのか？

NO. 06

UNDERSTANDING ECONOMICS: A HISTORICAL APPROACH

金本位制と国際通貨について

第1章では、「円・ドル・ユーロ」の成り立ちについて、歴史的経緯を見てきました。
本章では貿易に必要な国際通貨の仕組みについて考えてみましょう。

国際通貨の条件とは？

海外旅行をしたとき、多くの国でドルが使えます。それぞれの国で独自の通貨が流通していますが、なぜドルは特別なのでしょうか。
それは**ドルが、世界共通のお金——国際通貨（基軸通貨）としての地位を手に入れたから**です。その経緯を見ていきましょう。

そもそも国際通貨とは、言語や宗教の違いを越えて、世界のどの国でも価値を認められる必要があります。それは何だったのでしょうか。

金貨・銀貨などの貴金属貨幣です。

希少性があり、かさばらず、錆びたり劣化したりしない。古代以来、いずれの文明においても金貨・銀貨が貨幣として信用されたのはこのためです。例外は中国で、金山・銀山が非常に少ないため、青銅貨幣、銅銭が古くから流通してきました。

最初に、世界の覇権を握ったのはスペイン

大航海時代、スペインによりアメリカ大陸で大規模な銀山の開発が行われ、日本でも戦国大名たちが競って金山・銀山開発を進めました。この結果、アメリカ銀と日本銀が世界に流通します。

銀の大量流通を背景に、各国は**銀貨を自国通貨の基準とするシステム（銀本位制）**を確立しました。

当時、**世界の覇権を握っていたのはスペインで、スペイン領メキシコで発行された銀貨（メキシコドル）は、国際通貨として世界中に広まります。**スペインの貨幣単位では「8

レアル銀貨」ですが、アメリカ合衆国では「1ドル銀貨」としてそのまま流通したため「メキシコドル」と呼ばれたのです。

ところが、各国が銀貨を発行し過ぎた結果、銀の価値はどんどん下落しました。**国際通貨としての信用が揺らいだ銀貨に代わり、19世紀には金を自国通貨の基準とするシステム（金本位制）への転換が始まります。**

イギリス、ポンド金貨の台頭

産業革命に成功し、貿易代金として金を蓄えたイギリスは、19世紀初頭にポンド金貨を発行し、**19世紀を通じてポンドが国際通貨となりました。**

他の国々は金の流通量が少なかったため、金本位制の採用は遅れます。カリフォルニアや南アフリカで大規模な金鉱が発見された19世紀後半になって、ようやく各国が金本位制に移行します。

イギリスの通貨ポンドが19世紀に国際通貨として機能したのは、その圧倒的な経済力で金の地金《じきん》をロンドンに備蓄し、余剰資本を海外に投資して新たな富を生み続けたからです。

エジプトのスエズ運河、インドの鉄道網、上海の高層ビル街にイギリスポンドは投資されました。日露戦争の際、日本政府が発行した戦時国債を買ってくれたのもイギリスです。これらの海外資産を守っていたのは、**イギリスの圧倒的な海軍力**であることも忘れてはなりません。

第一次世界大戦後、ドルが「世界のお金」となる

しかし、このようなポンドの地位は第一次世界大戦で揺らぎます。中立を宣言し、戦場にならなかったアメリカが一気に国力をつけ、次いで世界の覇権を握ったのです。逆にイギリスは、戦勝国でありながら戦時国債の支払いに追われます（P48）。

ここで、**ポンド→ドル**の主役交代が起こり、そして今日に至るまで、世界共通のお金として、ドルが君臨することになったのです。

KEY PERSON

ヴィクトリア女王

イギリス女王。19世紀後半、大英帝国の全盛期に君臨し、その繁栄を象徴する。ロンドンのシティは国際金融センターとなり、イギリスの通貨ポンドは国際通貨となった。

明治日本が独立を維持できたのは、金本位制に移行できたから

NO. 07

UNDERSTANDING ECONOMICS: A HISTORICAL APPROACH

明治の指導者たちの勇敢な決断とは？

明治維新後、日本は日清戦争、日露戦争という２つの戦争を経て、列強諸国の仲間入りを果たします。江戸時代、長期間鎖国していたにもかかわらず、急激な成長を果たしたわけです。

戦国時代、日本銀が世界に流出し、銀の国際的なネットワークに日本が飲み込まれたことはすでに説明しました（Ｐ24）。ポルトガル商人やオランダ商人が競って日本に来航し、長崎出島にオランダ商館を建設した最大の目的は、日本銀を手に入れるためでした。そして、**江戸幕府が鎖国に踏み切ったのは、キリスト教を警戒したのと同時に、銀の流出を恐れたから**です。日本の銀山は、枯渇しつつありました。

鎖国前、世界の金・銀の交換比率は１対４でしたので、鎖国中の日本国内ではこのレー

トが維持されていました。

ところが世界各地で銀山開発が進んだ結果、19世紀には金・銀の比率が1対16まで開いてしまいます。「銀の価値が4分の1になった」、逆にいえば、「金の価値が4倍になった」ということです。

幕末のペリー来航により、日本が鎖国をやめて欧米諸国と貿易を始めたとき、外国商人は日本独特の金銀交換レートに目をつけました。

「金貨1枚と同価値の銀を日本で両替すれば、金貨を4枚に増やせるぞ！」（P25）

彼らは大量のメキシコドル銀貨、香港ドル銀貨を日本に持ち込んで金貨（小判）と交換しました。このため日本から大量の金が海外へ流出します。幕府は慌てて金の含有量を下げた質の悪い小判を発行したため、貨幣の信用が失われました。結果、通貨の暴落――インフレが発生します。物価高騰で庶民生活は直撃を受け、社会不安が増大。これが討幕運動にもつながるのです。

その後、明治政府は1香港ドル銀貨と等価交換できる1円銀貨を発行し、**江戸時代の金貨・銀貨・銅銭を廃止してインフレを収拾します。銀本位制の採用**です。

日本が1円銀貨を発行したころ、世界の主要国は金本位制に移行しつつありました。**金本位制を採用するには、政府（中央銀行）が大量の金の地金を保有することが条件**です。

金鉱を持たない国は、輸出代金や投資のリターンとして金を回収するか、戦時賠償金の形で金を獲得するしかありません。

明治維新とほぼ同時期、ドイツ帝国を建てたビスマルクは、フランスとの戦争に勝利して賠償金20億フラン（金１５００トン）を支払わせ、金本位制に移行しています。日本は**日清戦争**（１８９４―１８９５年）に勝利して得た銀２億テールの賠償金を金２８０トンに交換して**金本位制に移行**しました。

金本位制の採用で世界市場と結ばれた日本は、絹織物をはじめとする工業製品の輸出で外貨を稼ぎ、これを軍事費に投じて日露戦争にもかろうじて勝利し、列強の一員としての地位を確保しました。一歩間違えれば植民地や保護国に転落する時代ですから、明治の指導者たちは綱渡りのような決断を続けてきたことになります。

KEY PERSON

伊藤博文

日本の初代首相。内閣制度を創設、大日本帝国憲法を制定した。日清戦争時の首相として清朝から2億テールの賠償金を獲得、金本位制に移行した。韓国統監退任後に暗殺。

NO. 08

UNDERSTANDING ECONOMICS: A HISTORICAL APPROACH

ドルが強くなったのは、世界大戦のおかげ

アメリカはいかにして世界の覇者となったか？

現在、世界で取引に使われている通貨の80％をドルが占めています。

しかし19世紀には、イギリスのポンドが国際通貨でした。ポンドの地位がドルに入れ替わったのは、第一次世界大戦（１９１４―１９１８年）のあとからです。

長引く戦争が特需を生んだ

全ヨーロッパを巻き込んだ総力戦が４年間も続くとは、最初は誰も予想しませんでした。

欧州各国は、国際通貨である金の流出を阻止するため、金と各国通貨の交換を停止し、金本位制から離脱します。そして、不換紙幣（金と交換できない紙幣）を乱発して軍事費に

充てました。不換紙幣は信用に問題がありますが、「戦争に勝てば、敗戦国から賠償金を取り立てて国庫の穴埋めができる、だから大丈夫！」と説明しました。

ところが戦争が長期化し、各国は物資の不足に苦しみます。中立を宣言して戦場にならなかったアメリカは生産をフル稼働し、**欧州諸国へ軍需物資を輸出しました。**貿易代金はドル決済で、ニューヨークの銀行へ振り込まれます。このとき、**国際金融の中心は、ロンドンのシティから、ニューヨークのウォール街へと移った**のです。

日本も戦場にならなかったので、欧州向け輸出で好景気になります。代金は、日本企業がロンドンの銀行に開いた口座へ金で振り込まれました。

アメリカ産の物資は世界中に流れましたが、圧倒的海軍力で制海権を握ったイギリスが海上封鎖を行ったため、ドイツへの輸出は断たれました。食糧不足が深刻となったドイツは海上封鎖を打開するために潜水艦による民間船舶への無差別攻撃を開始、逆にアメリカの参戦を招き、ドイツは敗戦に追い込まれます。

戦時国債でも大儲け！

イギリスをはじめとする連合国は、**軍事費を捻出するため戦時国債（戦債）を発行しま**

す。その多くが販売されたのもアメリカの証券市場でした。ドル建ての英仏共同国債の発行を引き受けたのは、ニューヨーク最大の金融資本であるＪＰモルガンです。

戦中、戦後を通じて莫大な貿易代金と戦債の償還金（返済金）がアメリカへ流れ込んだ結果、**アメリカは世界最大の債権国となり、米ドルが国際通貨となった**のです。

「債権を守りたい！」。それがアメリカ参戦の理由

民主党のウィルソン大統領はグローバリズムの理想を信じ、連邦準備制度理事会（ＦＲＢ）設立を認可するなど、ニューヨークの金融資本と強く結びついていました。はじめはアメリカの伝統的なモンロー主義に従って中立を宣言します。しかし、連合国の一角であったロシアで革命が起こり、ドイツと休戦します。余力のできたドイツ軍がフランスに攻勢をかけたため、連合国の勝利が揺らぎます。

「連合国が敗北すれば、彼らが発行した国債は紙くずになる……」

ウィルソンが参戦を決断したのはこのときです。参戦の表向きの理由は「ドイツの潜水艦による無差別攻撃を阻止する」でしたが、「金融資本の債権を守りたい」というのが本音でした。

アメリカはドイツを屈服させ、パリ講和会議では国際連盟の設立を認めさせ、ドイツの賠償問題もアメリカが主導して一応の解決を見ます。

第二次世界大戦もアメリカに有利に働く

1929年にニューヨークのウォール街で始まった株の大暴落が世界恐慌に拡大したのも、アメリカが世界経済の中心だったからです。続く**第二次世界大戦でもアメリカは連合国（英・中国）への武器輸出で世界恐慌からも立ち直ります。**

さらに、日本軍の真珠湾攻撃をきっかけにF・ローズヴェルト大統領は参戦し、連合国の勝利に再び決定的な役割を果たしました。5年に及ぶ大戦が終わったとき、ヨーロッパ諸国と日本は灰燼に帰し、アメリカは無傷でした。超大国アメリカの出現です。

KEY PERSON

ウッドロー・ウィルソン

アメリカ大統領。国際金融資本と結んでFRBの創設を認可。ウィルソニズムと呼ばれる理想主義外交を唱えつつ、第一次世界大戦に参戦し、国際連盟の設立を提唱。

ドルが強くなったのは世界大戦のおかげ

理由１　戦場にならなかった

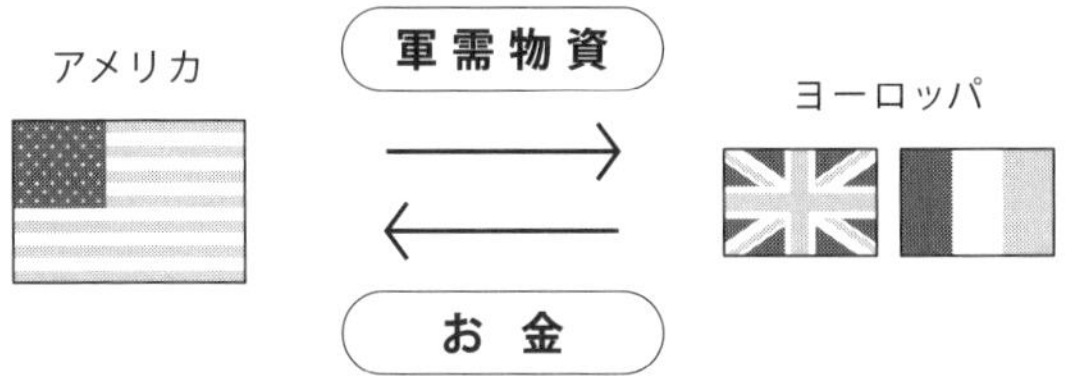

POINT

生産をフル稼働し、軍需物資を輸出

理由２　戦時国債の販売

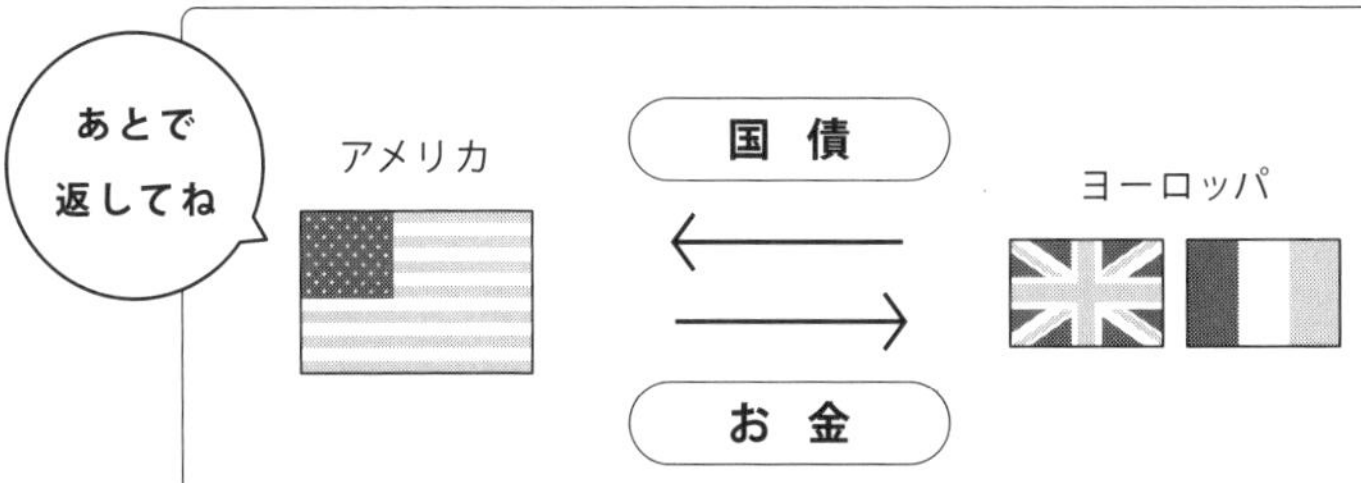

POINT

長引く戦争でどの国もお金がなかった

NO.09

UNDERSTANDING ECONOMICS: A HISTORICAL APPROACH

敗戦国日本は、なぜ経済成長できたのか？

ブレトン＝ウッズ体制と貿易ルールの制定

日本とドイツは、第二次世界大戦を引き起こし、大敗しました。アメリカ軍を中心とする連合国軍によって数年間占領され、さらに国家の指導者を「戦争犯罪人」として裁かれ、処刑までされたのです。

ところが、その日本とドイツ（西ドイツ）が、占領後、約10年で奇跡の経済成長を成し遂げ、「経済大国」にまで成長できたのはなぜでしょうか。

これには、**「1ドル＝360円」のレートを固定させたブレトン＝ウッズ体制**が大きくかかわってきます。「1ドル＝100円前後」の現在の日本では考えられないような円安ですね。

「もう戦争は起こしたくない」。アメリカはこう動いた

第二次世界大戦に勝利したアメリカは反省しました。

「世界恐慌で各国が金本位制から離脱し、貿易がストップしたから日本とドイツが暴走した。戦後は貿易を自由化しよう。関税を引き下げ、金本位制に戻そう」

大戦が終わったとき、世界の金の総額380億ドルのうち、実に200億ドルを米国が保有していました(主にニューヨークの金融資本)。

大戦末期の1944年、ニューハンプシャー州のリゾート地、ブレトン＝ウッズに連合国44カ国の財務・金融担当者が集まり、戦後の世界経済について討議しました。この会議の結果、ブレトン＝ウッズ体制と呼ばれる「金・ドル本位制」が確立しました。ポイントは次の2点です。

1 金1オンス(約30グラム)を35ドルとして固定する

2 米ドルと各国通貨との交換比率を固定する(固定相場制)。たとえば1ドルは360円で交換する。結果、為替リスクがなくなり、貿易が促進される

戦後、財政破綻した日本はどうやって復活したのか

世界恐慌が起こったとき、各国は金本位制から離脱し、第二次大戦中は軍事費の支払いのため不換紙幣を増刷しました。

敗戦国日本は、戦時国債の償還と復員兵への恩給支払いのためさらに紙幣を増刷し、財政破綻状態となります。日本円は信用を失墜し、紙くずとなりました。また、戦災による極端なモノ不足から、物価が360倍になるインフレーションが発生します。

米軍占領下の1946年2月、幣原《しではら》内閣は**インフレ抑制のため、旧円の流通停止と新円への切り替え**を発表します。パニックを防ぐため、預金の引き出しを制限したうえで、次のような宣言をします。

「旧円を2週間以内に銀行で新円と交換すること。ただし交換限度は100円までとする」

この結果、100円以上の預金は没収されます。ちなみに、1945年の大卒初任給が150円でしたから、多くの国民が財産を失いました。某国なら暴動が起こっているところですが、お上《かみ》に従順な日本人は耐えました。

この日本円の暴落は、現在のような変動相場制であれば、極端な円安ドル高を招いて、

日本は何も輸入できなくなったでしょう。ここでブレトン＝ウッズ体制における1ドル＝360円の固定相場制が生きてきます。

日本の経済成長は、アメリカが「円」を守ってくれたから

いわば、**世界最大の経済大国アメリカが、日本円の信用を担保**してくれていたわけです。一方アメリカにとってみれば、日本経済の混乱が、軍国主義復活の芽となることが恐ろしかったのです。１９６０年代、日本経済は奇跡の復興を遂げます。変動相場制のもとでは、経済発展している国の貨幣価値は上がります。しかし**固定相場制のもとで「1ドル＝360円」の円安が維持され、日本企業の輸出を促進しました。**ブレトン＝ウッズ体制が、日本の高度経済成長を支えたのです。同じ理由で、西ドイツも安いマルクを武器に奇蹟の経済復興を成し遂げます。

KEY PERSON

ケインズ

イギリス人の経済学者。古典的な自由主義経済学を批判、積極的な公共投資と減税で民間投資や消費を刺激するケインズ主義を提唱。世界恐慌下のデフレ脱却のため各国が採用。

国際通貨基金（ＩＭＦ）と世界銀行はどう違うのか？

NO. 10

UNDERSTANDING ECONOMICS: A HISTORICAL APPROACH

ＩＭＦ＝通貨の安定、ＩＢＲＤ＝戦災復興

経済ニュースを見ると、国際通貨基金（ＩＭＦ）、世界銀行（ＩＢＲＤ）という2つの単語がよく出てきます。この2つがどう違うのか、その役割を見ていきましょう。

前節でお話ししたブレトン＝ウッズ体制の中で、ＩＭＦと世界銀行は誕生します。

国際通貨基金（ＩＭＦ）の役割は、国際収支（貿易・投資・外貨準備のプラスマイナス）が極度に悪化した国へ、米ドルの緊急融資を行うことです。

企業にたとえれば、倒産しそうになった会社には会社更生法が適用され、裁判所の監督のもとで管財人が再建計画を実行します。役員を交代させたり、不採算部門を売却したり、余剰人員を解雇したりします。これを条件に銀行から新たな融資が得られ、債権計画が軌道に乗ればその会社は倒産を免れるわけです。ＩＭＦは、裁判所と銀行と管財人を兼ねたような役割をします。

日本はＩＭＦのお世話になったことはないので、韓国の例で説明しましょう。

１９８０年代、日本はプラザ合意（Ｐ65）に始まる円高不況に苦しみます。日本のメーカーは中国・台湾・東南アジア諸国へ工場を移転し、アジア経済が急成長します。

欧米の投資銀行は「これからはアジアだ！」と投資家を煽り、アジア諸国の通貨と株式を買い占めた結果、バブル経済が起こります。やがてバブルが崩壊。タイの通貨バーツの暴落に始まり、アジア通貨危機（１９９７―９８年）が発生します（Ｐ70）。

韓国に多国籍企業が増えた理由

韓国の通貨ウォンも暴落。韓国銀行はドルを売ってウォンを買い支えようとしますが、手持ちのドルが底を尽きます。財政破綻寸前に陥った韓国政府の要請により**ＩＭＦが介入し、韓国支援の条件として増税と公務員の削減、財閥の解体などを命じます。**街には失業者があふれ、「朝鮮戦争以来、最大の国難」と呼ばれました。

不採算部門を整理した韓国経済は、その後見事に復活しますが、立ち直った銀行や輸出産業は株式の多くを外国人投資家が握る多国籍企業となり、一握りの財閥が経済を支えるようになります。携帯電話やテレビでおなじみのサムスン財閥が、その代表です。

１９７０年代以降、ＩＭＦが救済した国――イギリス、ロシア、アルゼンチンは、いずれも内政干渉まがいの厳しい財政再建策を強要され、公務員削減、規制緩和など経済の自由化に踏み切りました。

日本もお世話になった世界銀行

続いて、世界銀行（国際復興開発銀行／ＩＢＲＤ）を見てみましょう。

世界銀行の役割は、戦災復興と発展途上国支援です。たとえば日本は、米軍による無差別爆撃で道路・鉄道などのインフラが破壊され、主要な工業地帯も破壊されていました。その再建にかかる費用は、日本政府の支払い能力を超えていました。

そこで、日本政府は世界銀行に公共事業計画を提出します。世界銀行では計画実現性や収益率を勘案して、融資するかどうかを決定します。

日本も西ドイツも、世界銀行の融資を受けて戦災から立ち直りました。**日本は１９５３年以降、東海道新幹線、首都高速道路、黒部第４ダムなどの建設に総額８億６０００万ドルの融資を世界銀行から受けています。**日本がその債務を完済したのは１９９０年です。

ＩＭＦも世界銀行もアメリカのワシントンＤＣに本部があり、加盟国が経済規模に応じて出資し、出資額に応じて投票権を持ちます。慣例的にＩＭＦ専務理事は欧州人、世界銀行総裁はアメリカ人が選出されますが、**最大の出資者はアメリカ政府**です。ＩＭＦで17％（２０１６年）、世界銀行で16％（２０１４年）。

したがって親米政権への融資はすぐに認められ、反米政権への融資は行いません。エジプト革命でナセルの親ソ政権が誕生すると、世界銀行はアスワンハイダムへの融資を停止し、エジプトが反発してスエズ運河国有化を宣言し、**スエズ戦争**に発展しました。北朝鮮やキューバ、イランの革命政権に対して世界銀行が融資をすることはありません。

日本や西ドイツが融資を受けられたのは、つまりはそういうことです。**アメリカの一極支配といわれるものは、単に軍事力だけではない**のです。２０１５年、中国が北京に設立した**アジアインフラ投資銀行（ＡＩＩＢ）**に欧州諸国がどっと参加したのも、米国主導の世界銀行に対するある種の反発が背景にあったのです。

KEY PERSON

池田勇人

日本の首相。大蔵官僚の出身。安保闘争で退陣した岸信介の後継首相となった。「所得倍増計画」を唱えて高度経済成長を実現し、東京オリンピックの成功直後に癌で倒れた。

NO. 11

UNDERSTANDING ECONOMICS: A HISTORICAL APPROACH

円高・円安は、アメリカのルール違反から生まれた

固定相場制から変動相場制への移行

ニュースで「円高」「円安」という単語が出てこない日はありません。しかし、「戦後、ブレトン＝ウッズ体制によって、通貨の交換比率は固定された」はず。固定相場制では、「円高」「円安」など起こりえません。何があったのでしょうか。

「1ドル＝360円」の固定相場制が戦後の世界貿易を活性化させ、特に敗戦国である日本と西ドイツの経済復興を支えました（P55）。両国は経済復興後も、**通貨である日本円と西独マルクが安いレートで固定**されていたので、日本製品、西ドイツ製品はドル換算では超安値となり、アメリカ市場へ大量に輸出されます。

アメリカ国内では、ケネディ、ジョンソンと2代続いた民主党政権のもとで福祉予算が増大し、ジョンソン政権が始めたヴェトナム戦争によって軍事費も拡大しました。財政再

建のため、アメリカの中央銀行であるＦＲＢがドルを増刷した結果、インフレが進んでアメリカ製品は値上がりし、安い日本製品、ドイツ製品が飛ぶように売れたわけです。

日本と西ドイツがアメリカを追い込んでしまう

貿易代金の支払いはドルで行われます。日本企業や西ドイツ企業がニューヨークの銀行に開いた口座に、ドルがどんどん払い込まれていきます。彼らがこれを、「金に交換してくれ」と要求すれば、アメリカはイヤとはいえません。このままでは、アメリカが蓄えていた金が海外へ流出していきます。金の流出を阻止するため、ニクソン大統領は緊急のテレビ会見を行い、

「金とドルの交換を停止する！」と発表したのです。

これを**ニクソン・ショック**（１９７１年）といいます。

世界恐慌のときに各国が行った「金本位制の停止」と同じことをやったわけです。さらにニクソンは、**「輸入品に一律10％の輸入課徴金を課す」**と発表しました。これらはブレトン＝ウッズ体制に対する明白な違反ですが、残念ながら超大国アメリカに対して制裁ができるような国はありません。

ニクソン・ショックの結果、「ドルを持っていると暴落するんじゃないか？」と恐れた各国の銀行や証券会社がドルを売って円やマルクを買ったため、アメリカは固定相場制を維持するため、１ドル＝３０８円までドルを切り下げます（スミソニアン合意）。

しかしその後も、ドル売りの雪崩現象は止まりません。もはや固定相場制を維持するのも困難になりました。各国の中央銀行は市場介入をやめてしまい、**通貨の価格は為替市場における売買で決まる**——買い手が多ければドル高になり、売り手が多ければドル安になる——という**変動相場制**へと移行しました。この体制が今も続いているわけです。

アメリカは、各国通貨にドルとの固定レートでの交換を認め、信認を与えるという役割を自ら放棄してしまいました。アメリカの威信は地に堕ちます。

その反面、円高マルク高ドル安の進行はアメリカ製品を割安にし、アメリカ企業の国際競争力を徐々に回復しました。アメリカは、「名を捨てて実をとった」のです。

KEY PERSON

ニクソン

アメリカ大統領。泥沼化したヴェトナム戦争を収拾するため、電撃的な訪中を行って毛沢東と会談し、和平を実現。貿易赤字による金の流出を防ぐため、金とドルの交換を停止。

ニクソン・ショックとその影響

ニクソン・ショック

戦後、ブレトン=ウッズ体制によって作られた
このレート(交換比率)の放棄を指す

金1オンス ＝ 35ドル

**1960年代、日本や西ドイツの台頭でドルが弱くなり、
アメリカの金がどんどん流出したため**

その結果

POINT

こうした疑惑が生まれ、

さらにドル売りが進み、

ドルベースの固定相場は崩壊した

狂乱の時代
——日本のバブルはなぜ起こった？

NO.
12
UNDERSTANDING ECONOMICS: A HISTORICAL APPROACH

プラザ合意による円高がすべての原因

かつて、日経平均株価が３万円を超える時代がありました。１９８０年代後半におけるバブル経済です（Ｐ１５８）。今の日本からは想像もつかない、狂乱の時代です。なぜこのようなことが起こったのでしょうか。

１９８０年代は、米ソ冷戦の最終段階でした。ソ連がアフガニスタンへ軍事侵攻し、アメリカではソ連を「悪の帝国」と呼ぶ共和党の**レーガン**政権が登場。ヴェトナム戦争以来の大規模な軍拡へと走ります。軍拡は当然、財政赤字を拡大させます。

また、インフレを抑制するため金利を引き上げた結果、世界中の金融機関が自国通貨をドルに換えて保有するようになりました。**ドル高が続けば、アメリカからの輸出品は割高になります。そして、日本からの輸入品がアメリカ製品を駆逐**していったのです。

アメリカ経済を支えてきたGM、クライスラーなど自動車産業が衰退し、街は多くの失業者であふれました。

「日本車がオレたちから職を奪った!」と、労働組合のメンバーが日本車をハンマーで叩き壊すパフォーマンスまでしました。それほど日本は、アメリカに脅威を与えていたのです。

「赤字を乗り切るために、日本製品を割高にしよう」

こうして貿易赤字と連邦政府の財政赤字という「双子の赤字」に苦しんだレーガン政権は、**各国の協調介入により「円高ドル安」の流れを作ろうと画策**します。日本製品を割高にして輸出攻勢を鈍らせ、アメリカ製品の輸出を拡大するのが目的です。

1985年、G5(主要国首脳会議の原加盟国——米・日・西独・仏・英)の中央銀行総裁と財務大臣(大蔵大臣)がニューヨークのプラザホテルに集められました。会議を仕切ったのはレーガン政権のベーカー財務長官。日本から出席したのは、中曽根内閣の竹下大蔵大臣と澄田日銀総裁です。

この結果、「円高ドル安」へ向けての協調介入が決定します。これを**プラザ合意**といいます。

「1ドル＝235円」だったドル円相場は、協調介入の発表から1日で20円も暴落。その後もじりじりとドルは下がり（円は上がり）、1年後には150円台で下げ止まりました。ドルの価値が1年で約6割に目減りしたことになります。

欧州諸国も日本の輸出攻勢を警戒していましたし、アメリカが再びニクソン・ショックのような強硬手段に出て世界経済が混乱するのを恐れ、協調介入に応じました。

日本はなぜ拒否できないのか？

日本は円高で不利益を得ることがわかっていながら、中曽根政権はプラザ合意を受け入れたのです。なぜでしょうか。

当時、日本の最大の仮想敵国はソ連（共産主義ロシア）であり、自主防衛ができない日本をソ連軍の脅威から守っていたのは日米安保条約と在日米軍の存在でした。**対米関係の悪化は、日本の安全保障に直結**します。経済と外交・安保はクルマの両輪なのです。この考え方は、今の日本でも生きています。

しかし、日本が支払った代価は大きなものでした。輸出産業が直撃を受け、関連企業にも影響が及んで**円高不況**に突入します。

日銀は、国内市場の活性化（内需拡大）のため金利を引き下げますが、**利子のつかなくなった銀行預金が引き下ろされて株式や土地に投資**されました。**バブル経済**の始まりです（Ｐ１５８）。このバブルが崩壊したあと、不良債権を抱え込んだ銀行は企業への融資を渋り、失われた10年、あるいは失われた20年と呼ばれる長期不況に突入します。

日本のバブルは、世界に飛び火した

バブルは国境を越えます。円高でパワーアップした円は海外の土地や建物、企業買収に投資され、ニューヨークのロックフェラーセンターまで日本企業に買収されました。アジア諸国にも莫大なジャパン・マネーが流れ込み、バブル経済を引き起こしました。このバブルが、今度は**アジア通貨危機**を引き起こすことになります（Ｐ70）。

KEY PERSON

レーガン

アメリカ大統領。強いアメリカを唱えてソ連に軍事的圧力をかけ、冷戦終結への道を開く。対日貿易赤字削減のため、円買いドル売りのプラザ合意を主要国に受け入れさせた。

プラザ合意～バブル経済まで

プラザ合意とは

1980年代、アメリカは2つの赤字に悩んでいた

1	**財政赤字**	米ソ冷戦による軍事費
2	**貿易赤字**	日本から大量の輸入品が入ってくる

⇩

そこでアメリカは、

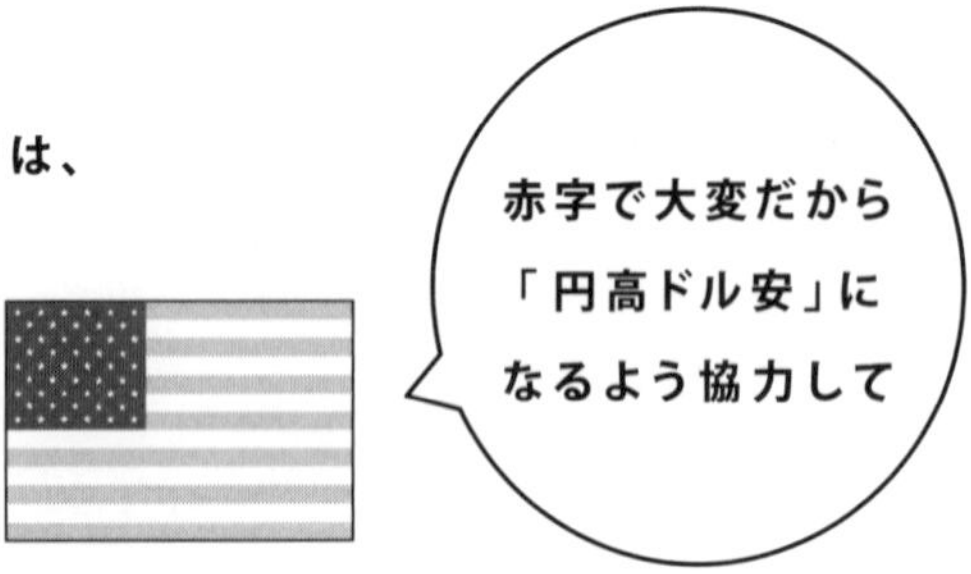
赤字で大変だから
「円高ドル安」に
なるよう協力して

日本、西ドイツ、フランス、イギリスにこう働きかけた。
対米関係の悪化を恐れた日本は渋々同意する。

プラザ合意の結果

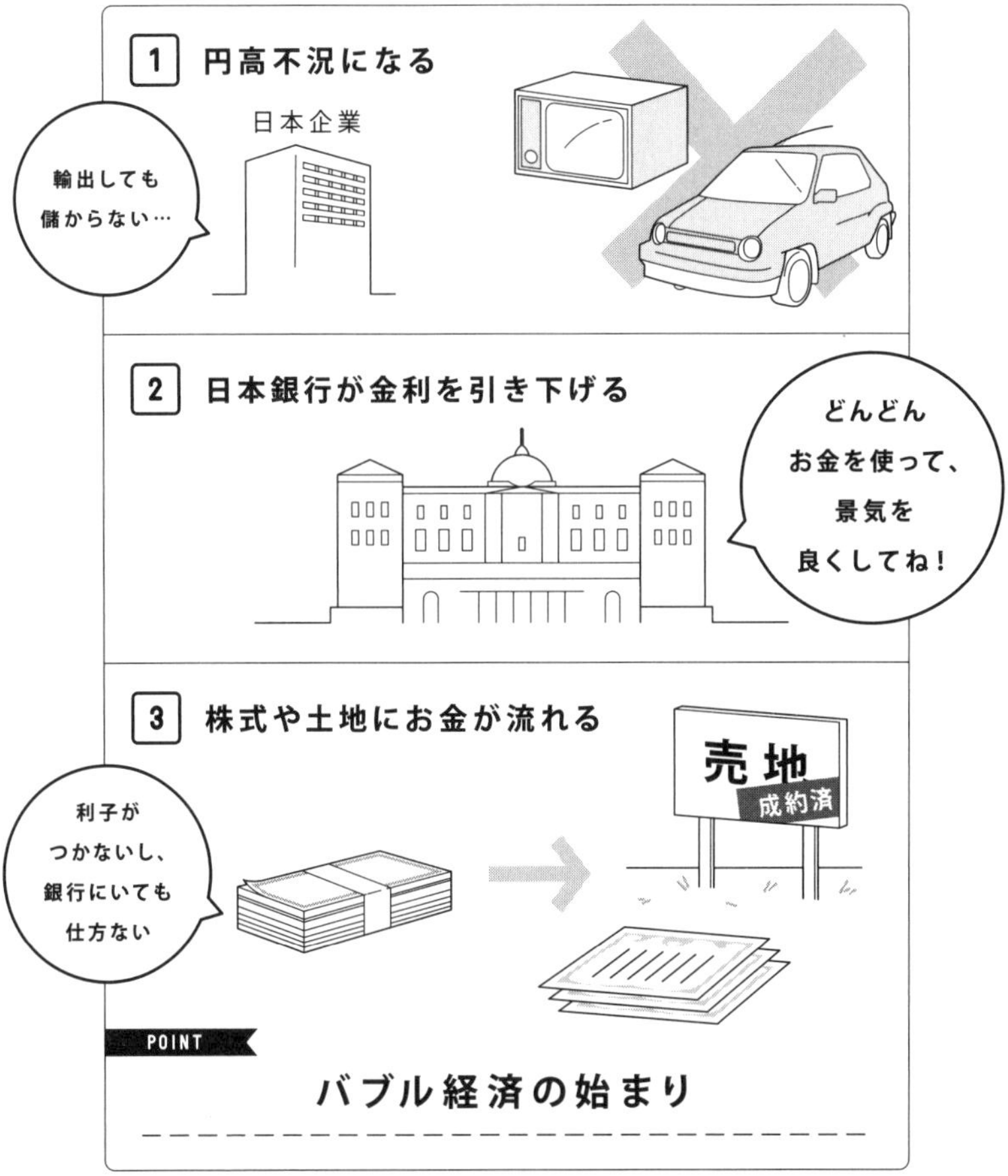
1 円高不況になる
日本企業
輸出しても儲からない…
2 日本銀行が金利を引き下げる
どんどんお金を使って、景気を良くしてね！
3 株式や土地にお金が流れる
利子がつかないし、銀行にいても仕方ない
売地
成約済

POINT

バブル経済の始まり

NO.

13

UNDERSTANDING ECONOMICS: A HISTORICAL APPROACH

タイ、インドネシア、韓国。3国はなぜ破綻に向かったのか？

アジア通貨危機の真相

ニクソン・ショックを機に、先進国は固定相場制（ブレトン＝ウッズ体制）から変動相場制へ移行しましたが、実は発展途上国の多くは固定相場制を続けていたのです。

発展途上国の多くは財政難なので、独自通貨を発行しても暴落の恐れがあります。だから**ドルとの固定相場制を維持することによって通貨を安定**させ、インフレを防ぐとともに、外国からの投資を促進しようとしたのです。これをドル・ペッグ制といいます。

アジア諸国は、ドル安で急速に発展した

韓国・台湾・東南アジア諸国は、日・米からの投資を呼び込んで工業化を進めました。

ニクソン・ショックとプラザ合意でドル安が急速に進展したことは、ドル・ペッグ制採用諸国の輸出産業への追い風となりました。特に韓国・台湾・香港・シンガポールの経済が急成長し、「4つの小龍」、あるいはアジア**NIEs**（ニーズ・新興工業経済地域）と呼ばれました。

しかし1990年代の後半、アメリカのクリントン政権はドル高政策に転じます。2期目に入ったクリントンが自動車などの産業界より**ニューヨークの金融資本**の意向に従うようになったためで、ゴールドマン・サックス会長のロバート＝ルービンを財務長官に起用したのが象徴的です。**彼らは海外に投資するため、弱いドルでは困る**のです。

アメリカの国策によって、大不況が到来する

この結果、1995年には1ドル＝79円まで進んだ円高ドル安が反転し、3年後には1ドル＝147円までドルが高騰しました。

とばっちりを受けたのがドル・ペッグ制を敷いていたアジア諸国です。**ドルの急騰とともに韓国のウォンもタイのバーツも急騰**します。これらの国々の製品は、価格という最大の武器を失い、国際市場で日本製品との激しい競争にさらされます。円高不況ならぬウォ

ン高不況、バーツ高不況が到来したのです。

変動相場制を採用した国ならば、貿易収支が悪化すれば通貨は下落し、そのことで国際競争力を回復します。アメリカがニクソン・ショックでドル安を容認したのはこれを狙ったわけです。しかし、**アジア各国はドル・ペッグ制の成功体験にしがみつき、方向転換ができません**でした。

アジア通貨危機の犯人、ヘッジファンド

これに目をつけたのが国際金融資本——ヘッジファンド（P74）です。

「ドル・ペッグ制は間もなく崩壊し、アジア諸国の通貨は暴落する。暴落する前に最高値で売り叩き、暴落後に買い占めれば利益が出るだろう」

1997年5月14日、タイの通貨バーツが暴落します。タイの中央銀行は威信をかけてドル・ペッグ制を守ろうとし、手持ちのドルを売ってバーツを買い支えます。

しかし、ヘッジファンドの資金力は、タイのような小国の中央銀行の比ではありません。タイ中央銀行は手持ちのドルが底をつき、白旗を上げます。バーツの暴落は止まらず、1ドル24バーツから56バーツにまで転落。タイはドル・ペッグ制を放棄、変動相場制へ移行

します。同時に株価も地価も暴落し、またＩＭＦが緊急融資に入りますが、融資の条件として強制した緊縮財政策により、景気は一気に悪化。大量の失業者を出しました。

30年続いた長期政権も崩壊してしまった

インドネシアでは通貨ルピアが暴落。30年続いたスハルト政権が崩壊するきっかけになりました。韓国のウォンも暴落し、ＩＭＦ管理下に入ります。ドル・ペッグ制を維持できたのは、香港ドルだけでした。

危機のあと、タイのチェンマイで開かれたＡＳＥＡＮ（東南アジア諸国連合）＋３（日中韓）首脳会議では、加盟国が外貨を融通しあう**通貨スワップ**（チェンマイ・イニシアチブ）が実現しました。日本が多額のドルを保有していることもあり、これは事実上、**日本銀行がアジア諸国の通貨の保証人になる**仕組みです。

KEY PERSON

クリントン

アメリカ大統領。ゴールドマン・サックス社のルービン会長を財務長官に迎え投資拡大のドル高政策に転換。固定相場制のアジア諸国も通貨高となり、アジア通貨危機を招く。

NO. 14
UNDERSTANDING ECONOMICS: A HISTORICAL APPROACH

「円」大暴落の危機！ヘッジファンドの正体とは？

利害の一致により、ヘッジファンドを撃退するが……

「hedge（ヘッジ）」は「垣根で囲む」、「防衛する」、「市場のリスクを防ぐ」という意味です。「fund（ファンド）」は「基金」を意味します。

ヘッジファンドとは、資産家や銀行・証券会社から資金を預かって、株式・債券・土地・商品などに投資を行い、リターンを確保する投資集団です。第二次世界大戦直後に生まれましたが、世界経済に影響を与えるようになるのは１９８０年代からです。

これがヘッジファンドのテクニック

ヘッジファンドは、手持ちの資金の数十倍、数百倍の資金を動かします。通貨や株式を

ヘッジファンドの「空売り」とは？

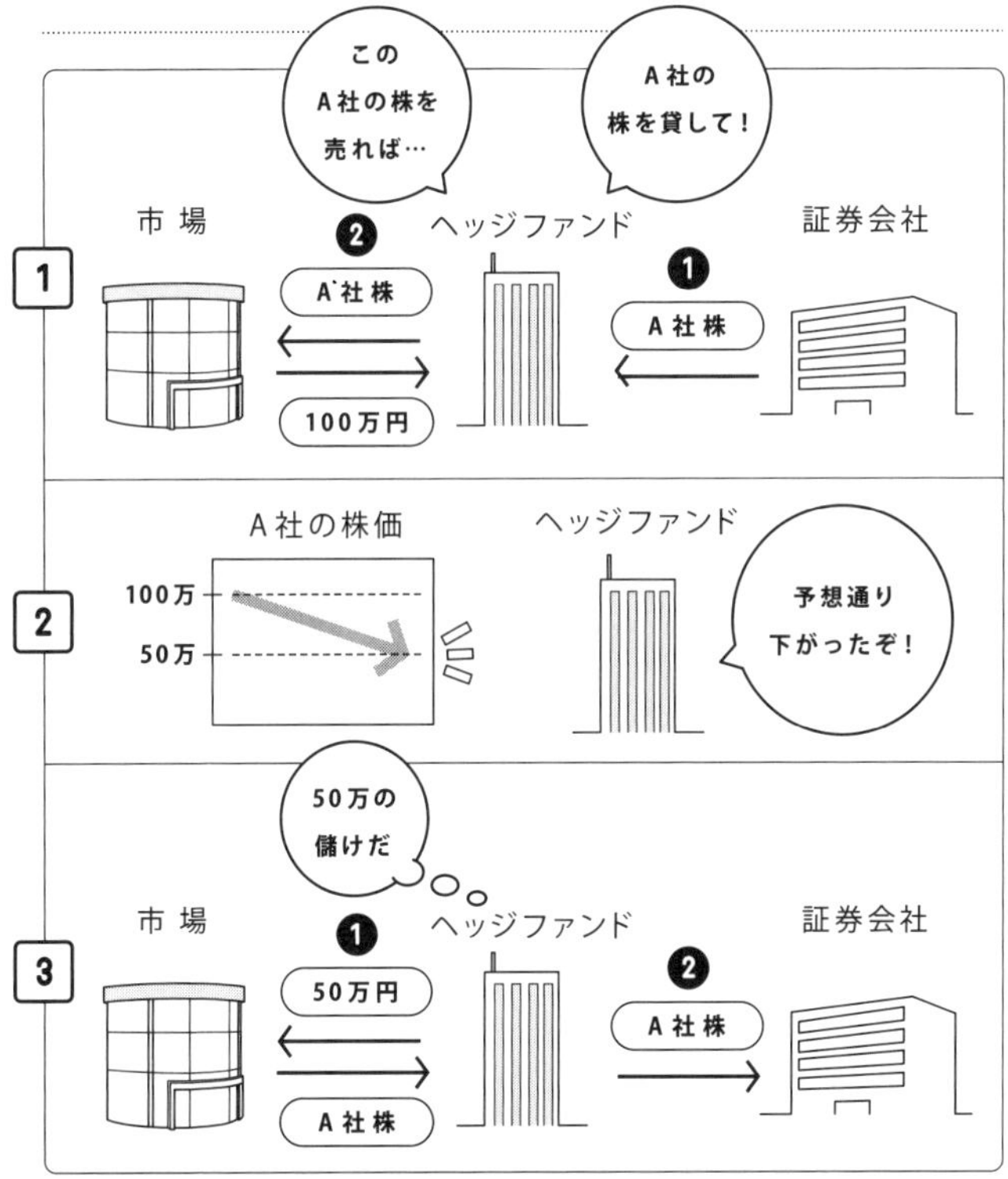

POINT

高いときに売り、

安いときに買い戻すのが「空売り」

証券会社から借りて市場で売買するのですが、値下がり確実なときでも**「空売《から》り」**という手法（P75）により利益を上げようとします。これは、**実態より高値で取引されている株や通貨を証券会社から借りて市場で一気に売却し、暴落させてから最安値で再び買い戻し、元の値段で証券会社に返済して差額で儲ける**のです。

ヘッジファンドに狙われた会社や国家は大損害を受けます。死肉に群がるという意味で、「ハゲタカファンド」とも呼ばれます。

ジョージ＝ソロスが率いるヘッジファンドが「ポンド売り」でイングランド銀行をねじ伏せ、**ポンド危機**（１９９２年）を引き起こしたことで、各国の中央銀行から警戒されるようになりました。**アジア通貨危機**（P70）もヘッジファンドの仕業ですし、彼らは日本円に対しても攻撃を仕掛けています。

２００３年、アメリカのブッシュ政権が国際世論の反対を押し切ってイラク戦争に突入した影響で、「ドル売り円買い」が進んでいました。高すぎる円はやがて暴落すると判断した彼らは、円の買い占めに走りました。値段を吊り上げてから一気に売り逃げるのが、彼らの常套手段です。ポンドもバーツもウォンもこれでやられたのです。

ヘッジファンドの円買いにより１ドル＝１１７円から１０５円まで円は急騰します。急速な円高が日本の輸出産業に致命傷となるのはプラザ合意で証明済みです。**日銀は手持ち**

の円を売ってドルを買い戻す「円の防衛」を開始しました。

30兆円以上使って、円を守り抜いた

日銀はピーク時には1日に1兆円以上の円を毎日売却し、2003年の年末から2004年の3月まで市場介入が続きました。投入された資金は総額30兆円以上。**「日銀砲」**とも呼ばれたこの巨額の資金は、財務省が国債(政府短期証券)を市場で売却し、民間から調達したものです。**日本国民の持つ莫大な資金**を武器として、財務省と日銀はヘッジファンドの攻撃から円を守りました。「日銀砲」は、小泉内閣の谷垣財務大臣、財務省の溝口財務官のチームプレーでした。

しかし、日本がいくら円安誘導しても、アメリカが円高誘導していれば効果は減殺されます。そこで溝口財務官はアメリカ財務省のテイラー財務次官と交渉し、ヘッジファンドが仕掛けた不公正な円高に対抗することで協力をとりつけました。ブッシュ・小泉の蜜月関係が背景にあり、また円を売って得たドルで米国債を買うことを日本側が約束したため、イラク戦争を始めたアメリカ側にもメリットがあったのです。

30兆円のほとんどは米国債の購入に充てられました。購入された米国債は財務省の特別

会計（外国為替特別会計＝外為特会《がいためとっかい》）にまわされ、外為特会の総額は約90兆円になります。日本の国家予算（一般会計）が約90兆円ですから、ものすごい金額です。

めぐりめぐって、世界金融危機の一因に

一方、アメリカ政府は日本に米国債を売って得た資金で軍事費を調達。さらに公共投資を行い、余剰資金は**不動産バブル**を引き起こします。低所得者向けの住宅ローン**（サブプライムローン）**が販売され、結局は返済不能の不良債権となって金融機関を圧迫します。このサブプライム問題（P163）から**世界金融危機（2007年）**が引き起こされ、ドルとユーロが暴落して再び日本は円高不況に苦しみ、自民党政権は衆院選で大敗し、民主党鳩山政権の成立（2009年）につながったのです。

KEY PERSON

ジョージ＝ソロス

アメリカの投資家。ハンガリー出身のユダヤ系。英のポンドを暴落させて「イングランド銀行を潰した男」といわれた。東欧・旧ソ連地域の民主化運動を資金援助している。

日本とヘッジファンドの戦い

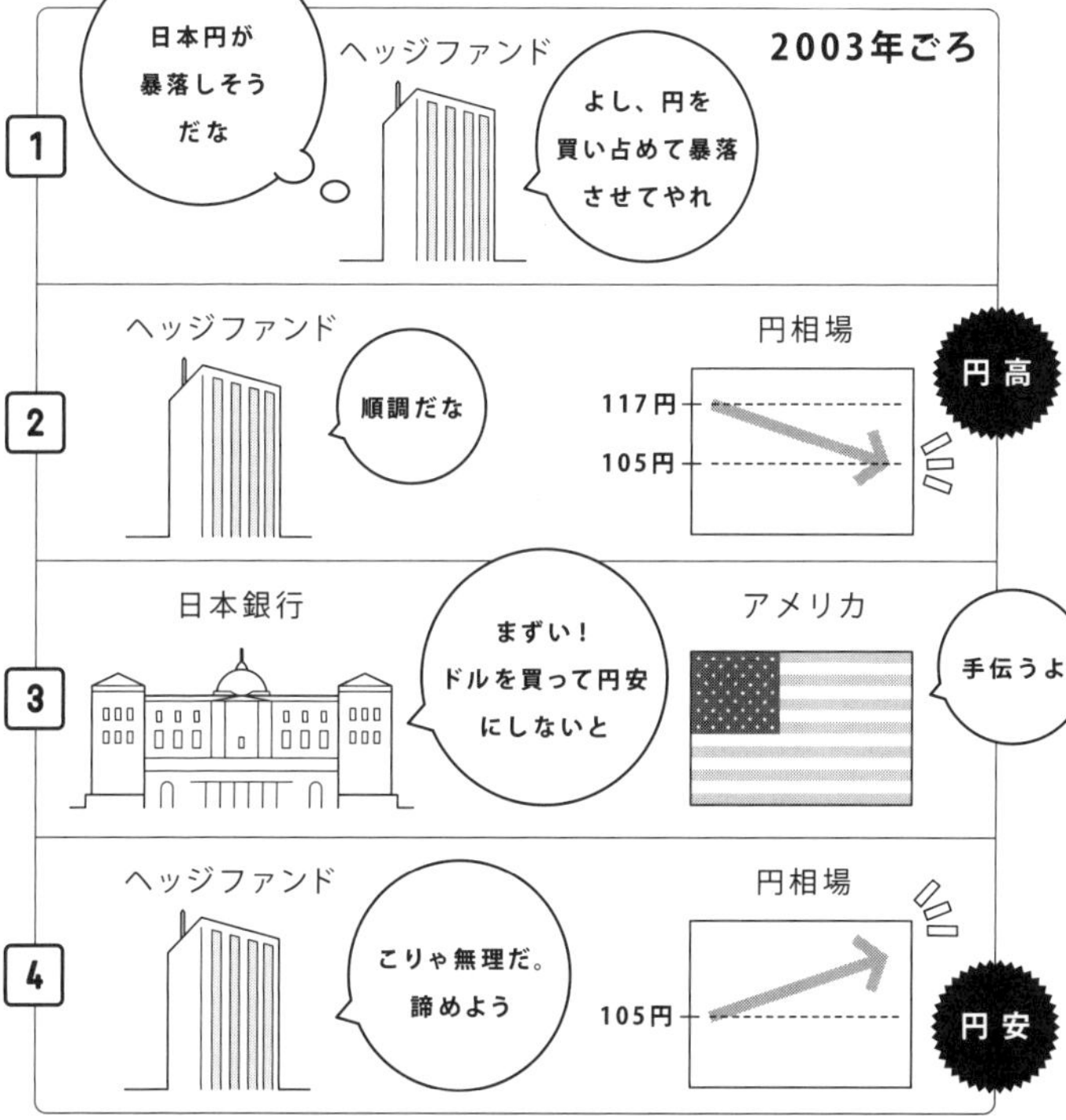
2003年ごろ
1
ヘッジファンド
日本円が暴落しそうだな
よし、円を買い占めて暴落させてやれ
2
ヘッジファンド
順調だな
円相場
117円
105円
円高
3
日本銀行
まずい！ドルを買って円安にしないと
アメリカ
手伝うよ
4
ヘッジファンド
こりゃ無理だ。諦めよう
円相場
105円
円安

POINT

30兆円以上のお金を投入して、日本は日本円を守った

NO.
15
UNDERSTANDING ECONOMICS: A HISTORICAL APPROACH

ユーロ危機に見る「統一通貨の限界」

財政赤字国がユーロの足を引っ張る

変動相場制のもとでは、**経済が好調な国の通貨は買い手が多いから値上がりし、経済危機にある国の通貨は買い手がいないから下落**します。

たとえば、個人が外貨預金をするときでも、最貧国や内戦が続く国が発行するジンバブエドルやスーダンポンドで預金する人はいないでしょう。どんなに金利が高くても、その国が財政破綻すれば紙くずになるからです。

たとえ通貨が暴落しても、国家は蘇る

通貨価値が下落した国は、輸入品が割高になります。食糧やエネルギーを外国に頼って

いる国は大変です。その半面、良いこともあります。**通貨の下落によって輸出品の価格が下がり、国際競争力がアップし、輸出が急拡大**するのです。通貨暴落→輸出拡大というメカニズムで経済を再建した国は、ロシア、韓国などいくつもあります。韓国は１９９７年と２００８年の２度、財政破綻直前まで行き、通貨ウォンが暴落した結果、サムスン電機など輸出産業が急成長しました。日本の携帯市場をサムスンのギャラクシーが席巻したのはこのときです。

欧州の統一通貨ユーロは、ドルの一極支配に対抗するため、対米従属を嫌うフランスと、欧州最大の経済大国ドイツが中核となり発行されました。成熟し、安定した３億人の市場を背景に、ユーロは世界で最も人気のある通貨となり、ドルに対して上昇を続けました。

ユーロの導入に際してはEUが財政状況を審査します。政府が抱える累積債務がＧＤＰの６０％以内という加盟基準があります。

ギリシアという国家の実態

ギリシアはユーロ導入の段階で、この基準を満たしていたはずでした。しかし、ギリシア政府の提出した書類が、粉飾（デタラメ）だったことがあとでバレます。

プラトンやアリストテレスは、哲学や政治学について多くを語りましたが、経済学については何も語っていません。中世にはビザンツ帝国、近代にはオスマン帝国という専制官僚国家の支配を受け、勤労を美徳とする市民階級は生まれませんでした。19世紀に黒海の出口という戦略価値に着目したイギリスのおかげで独立。第二次世界大戦後は、ソ連の防壁としてアメリカが支援。常に「おんぶにだっこ」だった国、それがギリシアです。

人口の20%を占める肥大した官僚機構。その公務員労組と結託し、ばらまき福祉を続ける左派政権。勤労より余暇を楽しみ、脱税のための所得隠しが常態化している国民。

２００４年にはアテネ五輪を開催し、西欧諸国からの投資に期待しましたが期待外れに終わります。五輪開催の公共投資などで膨らんだ財政赤字を、さらに粉飾決算でごまかしていたことが、２００９年の政権交代で発覚。**ギリシア財政危機**の始まりです。

ユーロを危機に陥れる5つの国

そのギリシアに加えて、さらに、**ポルトガル、イタリア、アイルランド、スペイン——頭文字を取ってＰＩＩＧＳ（ピッグズ）**——が巨額の財政赤字の累積を抱えていることが明らかになります。

「ユーロって、やばいんじゃないの？」という疑惑が世界に広がり、ユーロを売ってドルや円を買う動きが進みました。PIIGS諸国は工業製品やエネルギーを輸入に頼る貿易赤字国であり、ユーロ安で苦しみます。逆に、EU最大の工業国ドイツは輸出を拡大します。解決策は2つしかありません。

1 PIIGS諸国の財政赤字をドイツが肩代わり。これはドイツ人が猛反対する

2 PIIGS諸国がユーロ圏から離脱する。たとえばギリシアは、独自通貨のドラクマに戻す

②の解決策を選んだ瞬間、ドラクマは大暴落してギリシアは財政破綻するでしょう。石油も電気も止まり、公務員は大量解雇。しかし、そのあとドラクマ安を利用して輸出を拡大し、財政を再建していけばいいのです。しかしこの**「ショック療法」をギリシア国民は恐れ、ユーロにしがみついています。**

結局、経済力の違いすぎる国々が通貨統合したことに、無理があったのです。

KEY PERSON

ロバート・マンデル

経済学者。財政赤字がGDPを減少させるというマンデル・フレミングモデルを提唱。通貨統合の条件に関する最適通貨圏理論でユーロ創設に貢献し、ユーロの父と呼ばれる。

第 3 章

貿易

経済の自由化

\- THEME -

TRADE

UNDERSTANDING ECONOMICS:
A HISTORICAL APPROACH

保護貿易の失敗で、ナポレオンは没落した

NO. 16

UNDERSTANDING ECONOMICS: A HISTORICAL APPROACH

貿易における保護主義と自由主義

「牛肉とオレンジの自由化」からＴＰＰまで、日米間の経済摩擦の論点は常に同じです。日本から見れば、「貿易を自由化して、工業製品をどんどん輸出したい。でも、米をはじめとする農業は守りたいので、輸入は自由化したくない」に尽きます。

経済の自由化は、国境の成立により妨げられる

こうした**「経済活動を自由化すべきか否か」という議論は、古くから続いていました。**

経済活動の自由を求める思想を「自由主義」「グローバリズム」といいます。反対に、国内産業を保護するため、国際的な経済活動を規制しようという思想を「保護主義」「経

済的ナショナリズム」といいます。

統一国家というものがまだ存在しなかった中世ヨーロッパでは、地方に割拠する荘園領主や都市が、勝手に関税（税金）をとり立てていました。名古屋市や山梨県が自治権を持ち、県境や市境で税金を徴収しているとイメージして下さい。

カスタム（custom）という英単語に「関税」と「慣習」の2つの意味があるのは、関税が古い慣習として認められてきたからだ、と自由主義経済学者のアダム＝スミスがいっています。

国王が領主権力を奪って国家権力を集中した絶対主義の時代（16～18世紀）、関税の徴収を国家が独占します。

この結果、国内市場が統合される一方で、国家間の貿易は厳重にコントロールされるようになりました。国家は、**外国製の安い商品の流入を阻止して国内産業を守ろうとします（重商主義）。保護主義の典型**です。

自由主義イギリスVS保護主義フランス

18世紀に起こったイギリスとフランスの貿易摩擦を見てみましょう。

寒冷で穀物生産に向かないイギリスは、中世後半から毛織物の輸出国として発展しました。18世紀にはインド産綿布を模倣して綿織物工業への転換を進める過程で産業革命にも成功し、「世界の工場」として圧倒的な工業力を持つようになりました。

逆に温暖な穀物輸出国のフランスは、工業化には出遅れます。そこで太陽王ルイ14世に仕えた**財務総監コルベール**がイギリス製品の輸入を制限し、工業を育成します。

しかし、貿易が死活問題であるイギリスと、農業でも生きていけるフランスとでは「本気度」が違います。北米やインドでの英仏の植民地戦争ではイギリス軍の連勝が続きます。

大陸封鎖令で、イギリス製品を締め出そうとするが……

最終決戦は19世紀初頭の**ナポレオン戦争**でした。

「フランス革命の輸出」という理想を掲げ、ナポレオンはヨーロッパ全土を占領します。その背景には、**「安価なイギリス製品の流入を阻止し、フランス製品の市場を確保する」**という経済的な目的もあったのです。**大陸封鎖令**で欧州諸国にイギリスとの貿易を禁止したことで、この戦争の真の目的が明らかになります。

ところが、これがナポレオンの命とりになりました。

ナポレオン戦争を貿易から見る

保護主義

フランス

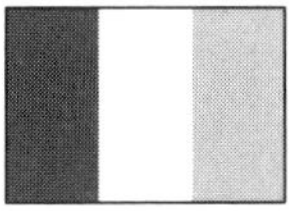

（ナポレオン）

国際的な経済活動を規制する思想

外国製品に高い関税をかけ、国内産業を守る

（欧州市場から、イギリス製品を排除しようとした）

VS

自由主義

イギリス

経済活動の自由を求める思想

国家介入を行わず、すべて市場に任せる

（自由にやれば、ウチの商品が勝つ）

POINT

戦争は大陸封鎖令（保護貿易政策）の失敗で、ナポレオンは敗北する

グローバリズムに軍配が上がった

ロシア、ポルトガルなどの農業国は、大陸封鎖令でイギリスへの穀物輸出を制限され、大損害をこうむります。これらの国々はイギリスと同盟し、ついにナポレオンの支配を打ち破りました。**ナポレオン戦争の結果は、保護主義に対する自由主義の勝利**だったといえます。

グローバリズムは常に、経済的強者に恩恵をもたらします。

19世紀のイギリスは、自由主義のチャンピオンでした。イギリス綿製品が世界最強の品質と価格を誇り、綿製品を世界に輸出したい産業資本家の思惑と、イギリスの国益とが一致していたからです。

逆に、経済的弱者がグローバリズムを採用すると、壊滅的な被害をこうむることになります。この実例として、アヘン戦争後の中国で起こったことを見てみましょう。

KEY PERSON

ナポレオン1世

フランス皇帝。ヨーロッパ大陸の大半を征服。大陸封鎖令を発布し、イギリス製品を欧州市場から排除しようとしたが敗北。絶海の孤島セント＝ヘレナに流刑となった。

アヘン戦争 ——自由主義のための侵略戦争

NO. 17
UNDERSTANDING ECONOMICS: A HISTORICAL APPROACH

経済的弱者とグローバリズムの関係

「ナポレオンはグローバリズムに敗れた」というお話をしましたが、**グローバリズムが常に正しい、というわけではありません。**その実例を見ていきましょう。

２０００年前から、中華帝国は周辺諸国の王たちを臣下とみなし、**貢ぎ物を献上**させてきました。周辺諸国と比べ、中華帝国のパワーがあまりにも巨大だったからです。

イギリス東インド会社が、お茶や陶磁器を求めて広東省の港・広州に来航したとき、「ははぁ、イギリス人まで朝貢に来たのか」と清朝政府は勘違いしたのです。

朝貢は儀式ですので、ややこしいしきたりがあります。船の数や入港回数は制限され、朝貢の品物もすべてチェックされます。広州には、清朝政府から独占権を与えられた公行《こうこう》という商人組合があり、イギリス商人は彼らとだけ取引をすることを許されました。イギリス商品は安値で買いたたかれ、利益が上がりません。

しかし中国は巨大です。末端にまで中央政府の目は届かず、地方政府の官僚に汚職がはびこっていたのは今と同じです。イギリス商人は広州の貿易監督官を買収し、密貿易を開始します。一番よく売れた商品は、清朝では**禁制品だったアヘン**でした。

自由貿易の名のもとに戦争が始まる

これを問題視した清朝政府は、皇帝の特命により**林則徐**《りんそくじょ》を特別捜査官として広州に派遣します。林則徐は汚職官僚を摘発し、イギリス商館の倉庫に保管してあったアヘンを没収して処分します。

イギリスの外相**パーマストン**は、自由貿易を推進する自由党の政治家です。自由党は、輸出産業を支持母体とし、徹底的な経済自由化政策を推進していました。

自由貿易論者のパーマストンから見れば、中華帝国の朝貢貿易は保護貿易主義の権化です。彼は、**林則徐によるアヘン没収（イギリス商人の財産権の侵害）を口実にイギリス海軍を出兵させ、清朝に自由貿易を認めさせるべき**だ、と主張します。イギリス議会は９票差で出兵を決議し、**アヘン戦争**が始まりました（１８４０年）。

戦いは、蒸気船を投入したイギリス軍の圧勝に終わります。イギリス軍艦の上で調印された南京条約は、次のような内容でした。

領土はいらない。貿易を自由化させろ！

1 清朝は、広州および厦門《アモイ》・福州・寧波《ニンポー》・上海の5港を開港し、公行を廃止する
2 清朝は、広州の入口にある香港島をイギリスに割譲し、賠償金を支払う

大勝利をおさめたイギリスが清朝から奪ったのはちっぽけな香港島だけでした。**イギリスが求めたのは領土ではなく、自由貿易**だったのです。さらにイギリスは、追加条約の中で関税協定権と領事裁判権を清朝に認めさせます。

関税協定とは、**清朝がイギリスからの輸入品にかける関税率を勝手に決めてはならない、**イギリスと「協議して決めよ」という意味です。

「協議するんだから、公正だ」という理屈は、対等な2カ国間での話。清朝はアヘン戦争でぼろ負けした直後です。当然、戦勝国イギリスの要求通りに関税は引き下げられます。

領事裁判権とは、イギリス商人と中国人との紛争を見越して、イギリス人が清朝の法で裁かれないように、5港駐在のイギリス領事がイギリス人に対する裁判権を持つことです。

開国の結果、国が滅びることに

こうして清朝は自由貿易を認め、開国しました。アヘンに加えて、イギリス製の綿製品が5港を通じて大量に輸入されます。中国産綿布は価格競争に敗れ、伝統的な手工業が衰退します。戦争前からアヘン密輸で貿易赤字が続いていましたが、戦後は赤字がどんどん拡大したため、**貿易代金として大量の銀が清朝から流出し、貨幣不足から長期のデフレに突入。**農産物価格の下落から、人口の多数を占める農民が困窮します。

困窮農民は苦力《クーリー》と呼ばれる移民労働者としてアメリカなど海外へ流出し、また南中国では大暴動（太平天国の乱）を起こします。清朝衰退の始まりです。

KEY PERSON

パーマストン

イギリスの外相・首相。輸出拡大を求める産業資本家の支持を背景に、自由貿易と通商ルート確保のため砲艦外交を展開。アヘン戦争、クリミア戦争、アロー戦争を指導した。

180年前のイギリスで起こったTPP問題

穀物法論争とジャガイモ飢饉とは？

NO.
18
UNDERSTANDING ECONOMICS: A HISTORICAL APPROACH

ＴＰＰによる貿易自由化には、「日本の農業が打撃を受ける」という反対意見があります。輸出だけ自由貿易にして、輸入は保護貿易にできればいいのですが、そういうわけにはいきません。貿易というのは相手国があるからです。こちらが関税を引き上げて輸入を制限すれば、相手国も関税を引き上げて輸入を制限します。

輸出を自由化したいのなら、輸入も自由化しなければなりません。しかし、輸入自由化は国内の弱い産業に打撃を与えるので、国内で深刻な対立を引き起こすのです。

19世紀のイギリスでも同じことが起こっていました。

イギリスは農業が弱い国です。寒冷で土地がやせているので、仕方ありません。イギリス料理の貧弱さは、フランス料理の豊かさに対比され、ジョークのネタになるくらいです。

イギリスの地主階級にとって、ナポレオン戦争は天の恵みでした。安くておいしいフランス産の穀物が入ってこなくなったからです。イギリス産穀物の価格はじりじりと高騰を続け、地主は大きな利益を得ました。

「穀物を守るために、輸入を制限しよう」

しかしナポレオンが敗北し、大陸封鎖令が解除されれば、穀物価格は一気に暴落するでしょう。このことを恐れた地主階級は、議会に働きかけて**穀物法**を制定させます。**穀物価格が一定水準を下回ったときには、穀物輸入を制限する**という法律です。自国の農業を守るため、非常に都合のいい法律を作ったわけです。

綿工業の中心都市マンチェスターで織物工場を経営していた**コブデン**はこの動きに反対します。同業者に呼び掛けて反穀物法同盟という圧力団体を結成しました。

彼らは大規模な集会、新聞広告で穀物法の危険性を訴え、労働者からも支持を得ました。しかし、**地主の利益代表である保守党政権は、穀物法撤廃には頑として応じません。**

イギリスに併合されていた隣国のアイルランドでは、イギリス人地主が土地を独占し、アイルランド人の小作人が極貧生活を強いられていました。穀物法のせいで、外国の安くておいしい穀物が入ってこなかったからです。パンを買うゆとりさえなく、ジャガイモが彼らの主食でした。

穀物法のせいで、総人口の10％が餓死する

１８４０年代に、ジャガイモの伝染病がアイルランドを襲います。パンは買えず、ジャガイモは全滅し、アイルランド人の10％が餓死に追いやられます。これを**ジャガイモ飢饉**といいます。

生き残った人々の半分が、経済難民としてアメリカ合衆国へ渡りました。

このとき渡米した難民の子孫が、ニューヨークのアイルランド人街を作ります。かのジョン・Ｆ・ケネディ大統領の曽祖父もこのときのアイルランド移民でした。

アイルランドの惨状を見て、頑迷な保守党政権もついに政策を転換します。ピール内閣が**穀物法廃止を決定**したのです。

穀物輸入は自由化されましたが、**イギリスの農業は地主が恐れたほどの打撃は受けませんでした。**

なぜでしょうか。

貿易自由化の前提は、国内産業の強化

穀物が高騰したナポレオン戦争中から、**農業革命と呼ばれる構造改革**が進んでいたからです。その内容は、「政府公認の囲い込みによる農家の経営規模の拡大」と、「穀物生産に牧畜を組み合わせた四輪作法」という新しい農法の普及です。

21世紀はじめの日本でも、ＴＰＰ参加の是非をめぐる対立が続いてきました。

輸出拡大のため貿易自由化が避けられないのなら、競争に耐えうるように国内産業を強化すべきです。日本の農産物は価格競争力では外国産に負けていますが、味と品質、安全性では優れています。中国のスーパーでは「食の安全」を求める富裕層が、割高な日本の農産物を競って買い求めています。農家の自助努力を妨げる一律の補助金ではなく、優れた商品を生み出す生産者への支援金や、経営規模の拡大を目指すべきです。

KEY PERSON

コブデン

イギリスの実業家。綿織物工場を経営し、輸出拡大のため自由貿易を提唱。地主の利益を守る穀物法の撤廃を求め、反穀物同盟を組織して議会に圧力をかけた。

180年前に起こったイギリス版TPP問題

1 イギリスは土地がやせているため、安くておいしいフランス産穀物が悩みのタネ

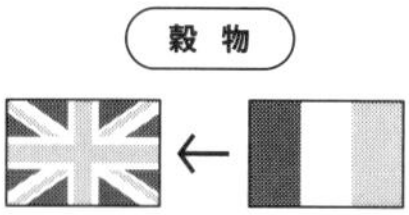

2 そこで、穀物輸入を制限する穀物法を制定する

3 安い輸入穀物が入ってこなくなったため、国民は飢えに苦しむ

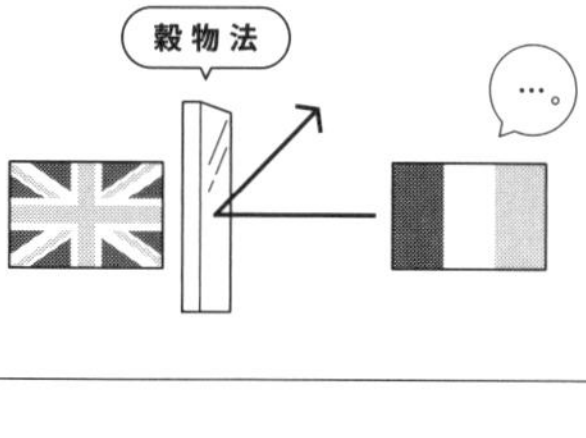

4 ジャガイモの伝染病により、飢えは悪化。何百万人の死者が出たといわれる

アメリカ・ドイツ・日本は、いかに強国になったか？

NO. 19

UNDERSTANDING ECONOMICS: A HISTORICAL APPROACH

後進国は、どうやって先進工業国になっていったか？

アメリカ、ドイツ、日本は、世界を代表する先進国です。無論、最初から先進国であったわけではありません。それには苦難の歴史がありました。

まずはドイツから見ていきましょう。フランスのような中央集権国家とは対照的に、ドイツは19世紀になっても30を超える小国家（領邦《ラント》）の連合体でした。そのため、**中世以来の国内関税が残っていたため商品の流通も妨げられ、イギリス製品の流入に共同で対抗することもできなかった**のです。

ドイツ人の経済学者**フリードリヒ＝リスト**は、こう呼びかけました。

「自由主義は後進国であるドイツ諸国の産業を衰退させる。イギリスに対抗して関税同盟を結び、同盟内部では関税を撤廃し、外部からの輸入品に対しては共通関税を課そう」

イギリスの自由主義に対し、ドイツは保護主義をとる

保護貿易によって、まずは国内産業を発展させよう、というわけです。
これを実現させたのがプロイセン王国を中心とする**ドイツ関税同盟**でした。関税同盟で経済的に一体化した国々を、のちにプロイセンの首相**ビスマルク**が政治的に統一したのがドイツ帝国です。

ドイツの統一は、政治的・軍事的には隣国フランスの脅威に対抗するのが目的でしたが、経済的にはイギリスの自由主義に対抗するものだったのです。

なお、ドイツ国内でも保護主義を唱えるラインラントの産業資本家と、穀物輸出の自由を求める地主が対立していました。しかし、ロシアが安価な穀物の輸出を始めたため地主階級も保護貿易に転じ、ビスマルクは保護関税法でイギリス・ロシアに対抗します。

アメリカは、北部と南部で政策が対立した

イギリスから独立したアメリカ合衆国も、州《ステイト》と呼ばれる小国家の連合体でした。温暖な南部諸州では、地主がイギリスへの綿花輸出拡大を望んで**州単位での自由貿易**を主張しま

した。

一方、寒冷な北部諸州では、イギリス製品の流入を嫌う産業資本家が保護主義を求め、**ワシントンの連邦政府（中央政府）が一括して関税をコントロールすべきだ**、と主張しました。北部の考えは、ドイツ関税同盟の考え方と同じですね。

また、綿花畑で黒人奴隷を使役していた南部と、黒人を解放して移動の自由を与え、安価な工場労働者として雇用したい北部の資本家との、奴隷制をめぐる対立もありました。

19世紀前半には、南部地主の政党である民主党の政権が続いて綿花産業が急成長しました。北部の資本家は共和党を結成し、奴隷制の是非を争点にしてリンカーンを大統領候補に擁立。１８６０年の大統領選挙に勝って政権交代を実現します。

これに反発した南部11州は、選挙結果を受け入れず、合衆国を離脱して「アメリカ連合国」を結成します。リンカーンはこれを阻止するため、開戦に踏み切ります。これが**南北戦争**です。**北部の勝利によって、アメリカは保護貿易に転じ、奴隷制を廃止**しました。

こうして、アメリカ・ドイツという2大工業国は、保護主義の採用によってイギリス製品の市場という地位を脱します。さらに重工業化を進めて、ついには工業生産額でイギリスを追い抜いたのです。

日本は、江戸時代から国内市場は統合されていましたが、幕末にアメリカなど5カ国と

ドイツ関税同盟とその狙い

ドイツ関税同盟とは

イギリス製品に対抗するために、ドイツ諸国で結ばれた関税同盟。内部では関税を撤廃し、外部（イギリス）からの輸入品には共通関税をかける。

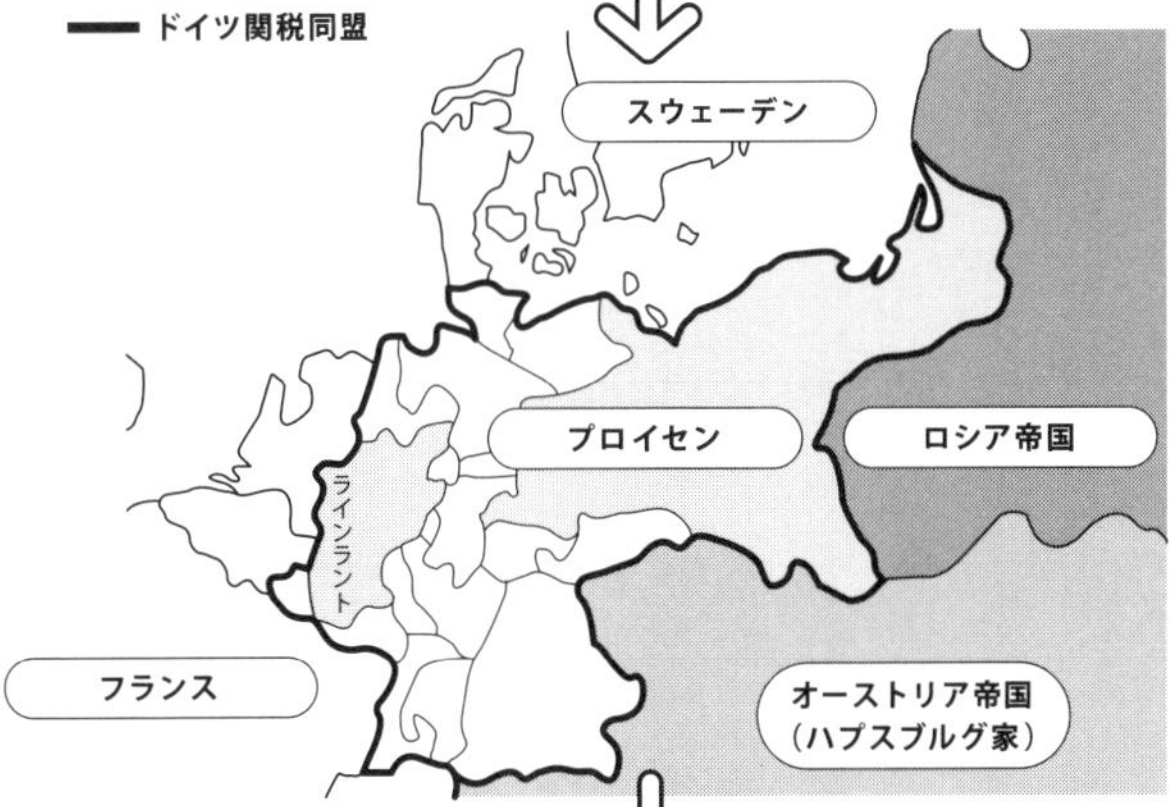

POINT

小国家の集まりだったドイツは

経済的に一体化していき、

プロイセン王国を中心に統一される

結んだ不平等条約で関税自主権を失い、欧米諸国の市場として開国させられました。
明治政府は、不平等条約の撤廃を最大の外交課題として交渉を続ける一方、群馬の富岡製糸工場、福岡の八幡製鉄所など官営工場を建設し、これらを民間に払い下げて工業を育成しました。日清戦争・日露戦争の勝利で国際的な地位を向上させ、日露戦争後に幕末以来の不平等条約を改正して、**関税自主権を回復、保護主義に転換**して重工業化を推進します。

発展途上国は保護主義をとるべき

この3国の例を見れば、**発展途上国が先進工業国に転換する過程において、保護主義の採用が効果的である**ことが歴史的に証明できます。「自由主義か、保護主義か」という論議は、その国の経済的な発展段階によって結論が違ってくるといえるでしょう。

KEY PERSON

ビスマルク

プロイセン首相、ドイツ帝国の宰相。鉄血政策と呼ばれる軍事外交手腕を発揮し、小国が分立していたドイツを統一。保護関税政策でイギリス製品に対抗し、国内産業を育成。

極端な保護主義が招いた2つの世界大戦

NO. 20
UNDERSTANDING ECONOMICS: A HISTORICAL APPROACH

人類最大の悲劇は、いかにして起こったか？

ここまでさまざまな角度から、自由主義と保護主義を見てきました。ここでは、2つの世界大戦を招くことになった、**帝国主義という極端な保護主義**に焦点を当てます。

世界の覇権を握っていたイギリスの独り勝ちが続いたのは、1870年代まででした。労働者の賃金を徐々に上げていった結果、生産コストが高くなり、生産設備の老朽化も進んでいました。1880年代に工業生産額でアメリカがイギリスを抜いて世界第1位となり、1900年代にはドイツもイギリスを追い抜きます。イギリスの製造業は斜陽となり、貿易収支も赤字に転じます。

韓国・中国の追い上げで輸出が鈍化し、GDPで世界第2位の地位を中国に奪われた現代の日本とよく似た状況です。

植民地を利用して、極端な保護主義に突っ走る

しかし現代の日本は持たず、当時のイギリスが持っていたものがあります。植民地です。**植民地を独占市場として囲い込み、生産拠点（工場）も植民地に移して生産コストを抑える**ことによって、イギリスは息を吹き返します。

このイギリスの動きを見た各国は、自らの植民地を拡大して高関税で囲い込み、極端な保護主義に突っ走ります。**帝国主義と呼ばれる世界分割**の始まりです。

世界最大の市場といわれた中国は、日清戦争に敗北して弱体をさらしたため、各国の草刈り場になりました。北からロシア・ドイツ・イギリス・日本・フランスが勢力圏を設定して中国市場を分割します。後に、満州支配をめぐる対立から日露戦争が勃発しますが、イギリスの支援で日本はこの戦争に辛勝。不平等条約の撤廃を実現します。

イギリス・フランスに後れをとったドイツでは、若き皇帝ヴィルヘルム２世が世界政策と称して、中東・アフリカ方面への強引な割り込みを図ります。イギリス・フランス・ロシアはドイツ包囲網（三国協商）を形成し、ドイツ・オーストリア・イタリアの三国同盟と対立。**第一次世界大戦**に突入しました。

敗戦国となったドイツ帝国は全植民地を没収され、オーストリアは解体。イギリス・フ

ランス・日本が敗戦国の植民地を再分割し、大戦中に寝返ってきたイタリアも加えて国際連盟の4大国となります。

戦場にならなかったアメリカは軍需品の輸出で最大の債権国となり、ロシアでは革命が起こって共産党政権（ソヴィエト連邦）が発足します。

第一次世界大戦では国際政治のメインプレーヤーが入れ替わっただけで、**保護主義と植民地支配という構造はまったく変わっていません。**

世界恐慌により、200％を超える高関税をかける

戦後しばらくは復興需要で各国は好景気でしたが、数年後には生産過剰に悩まされることになります。世界最大の経済大国アメリカでは、景気後退にもかかわらず株価や地価が高騰するバブルが発生し、1929年にバブルが崩壊します。世界恐慌の始まりです。

恐慌下で各国が採用したのは、徹底的な保護主義——**金本位制の停止（P47）と関税の引き上げによる輸入制限**でした。

イギリスのマクドナルド内閣は、イギリス連邦諸国（自治領と植民地代表）をカナダに集め、**連邦内の低関税と域外商品に対する200％の高関税**を決定してしまいます。これ

を**ブロック経済**といいます。アメリカとフランスもこれに続いたためブロック間の貿易は停止します。

日本、イタリア、ドイツが戦争を起こした理由

植民地の少ない日本・イタリア、植民地を没収されたドイツの工業は深刻なダメージを受け、戦争による市場の確保を主張する世論が高まります。日本は満州で軍事行動を開始し、ドイツではヒトラーが政権を握ります。

日本・ドイツ・イタリアの枢軸国を第二次世界大戦へ駆り立てたものは、ブロック経済という名の極端な保護主義だったのです。

KEY PERSON

マクドナルド

イギリスの首相。労働組合の指導者から政界入り。初の労働党内閣を組織した。世界恐慌下、挙国一致内閣を組織。金本位制の停止とブロック経済により国内産業を保護した。

NO. 21

UNDERSTANDING ECONOMICS: A HISTORICAL APPROACH

牛肉とオレンジの輸入自由化！日本は打撃を受けたのか？

GATT、WTO。戦後の世界経済ルールを見る

ＴＰＰ交渉の論点の１つが米の輸入自由化の是非ですが、すでに輸入が自由化された品目もあります。牛肉とオレンジです。それでは、日本の畜産農家、ミカン農家は壊滅したのでしょうか。

戦後、どのような貿易ルールが作られ、今に至ったかを見ていきましょう。

戦勝国として、経済的にも圧倒的な力を持ったアメリカは、戦後の世界経済のルールを策定します。**ブロック経済という極端な保護主義が世界大戦を招いた反省から、自由主義の原則を確立**しようとします。ブレトン＝ウッズ体制です（Ｐ52）。

1 金＝ドルを基軸通貨とし、固定相場制にする
2 関税を引き下げて、自由貿易体制を確立する

世界恐慌以来の２００％の高関税を徐々に引き下げて、最終的には関税０％を目指そうというものです。

１９４８年、関税・貿易に関する一般協定が結ばれます。General Agreement on Tariffs and Trade の頭文字から**ＧＡＴＴ（ガット）**と呼ばれるようになりました。

その結果、**多国間交渉で段階《ラウンド》を踏んで関税を引き下げていく**ことになりました。日本が参加したのは１９５５年からで、牛肉とオレンジの輸入自由化が決まったのは、ウルグアイ・ラウンド（１９８６―９５年）です。

牛肉、オレンジが自由化された経緯

１９８０年代、アメリカは対日貿易赤字が５００億ドルを超え、外交問題になっていました。レーガン政権は、プラザ合意（Ｐ65）で円高ドル安へ誘導してアメリカの輸出を有利にする一方、日本政府にも**「牛肉とオレンジに関する輸入数量の制限はＧＡＴＴ違反だ」**と直接圧力をかけてきました。

日本政府は圧力に屈し、牛肉とオレンジの輸入数量制限を撤廃しました（１９９１年）。このとき、「日本の畜産農家、ミカン農家は壊滅する！」と危惧されましたが、日本人に合うかどうかという**味覚の問題や、農薬などの食の安全性の問題から、国産牛肉やミカンは消費者に支持され、壊滅することはなかった**のです。

タイ米の輸入自由化。日本の農家はどうなった？

1993年は冷夏でした。フィリピンのピナツボ火山の噴火の影響といわれています。日本でも米不足が起こります。当時の細川護熙内閣は、それまで「1粒たりとも輸入しない」といっていた米の輸入を部分的に自由化しました。

しかし、輸入米の多くは日本米とは味覚が違うタイ米だったため消費はまったく増えず、日本米と混ぜて販売したり、売れ残って家畜の飼料にされたりしました。

米の自由化に反対する農協をなだめるため、細川政権は「国内対策費」と称して6兆円の予算を組みましたが、その多くはハコモノ（建築物）に使われ、日本農業の体質改善にはつながっていません。

その後、アメリカやオーストラリアでコシヒカリなど日本米の大規模栽培が始まると、日本の米農家にも脅威を与えるようになります。現在、**輸入米は政府が一括購入し、民間には高く売却する**という形で日本米と競合できるようしています。

世界は貿易自由化の方向へ。しかし……

1995年、ウルグアイ・ラウンドに基づいて、世界貿易機関（WTO）が発足します。GATTを国連機関として常設化したもので、自由化の対象をモノに限らず、**サービス（金融・通信）**や**知的財産権（特許・著作権）**にまで拡大し、違反した場合の罰則（制裁金の徴収）を強化しました。2001年に中国、2012年にはロシアが加盟し、現在世界の大半の国が加盟しています。

しかし、この加盟国の多さが弱点となりました。**先進工業国は例外なしの自由貿易を望む一方、途上国は国内産業を守るため、例外規定を設けようとします。**ドーハ・ラウンド（2002―12年）は何も決まらぬまま休会となってしまいます。そこで、地域単位や2国間での自由貿易協定、FTAやEPAが結ばれるようになったのです。

KEY PERSON

細川護熙

日本の首相。冷戦崩壊後、自民党を離党した小沢一郎が非自民8党連立内閣の首相として擁立。米の輸入自由化を受け入れた。増税をめぐる閣内不一致により9カ月で総辞職。

輸入自由化とその影響

1 牛肉とオレンジ

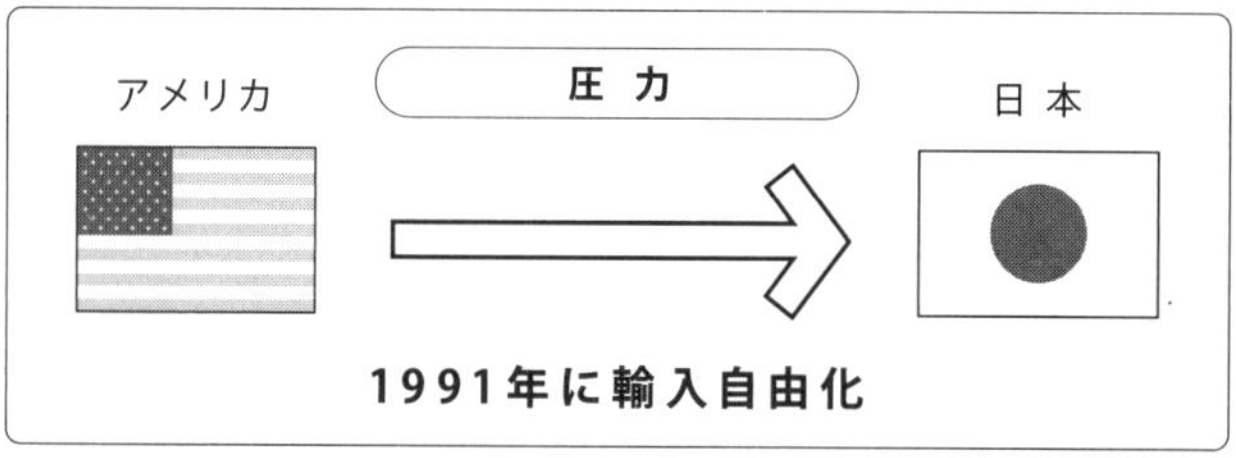

2 米（タイ米）

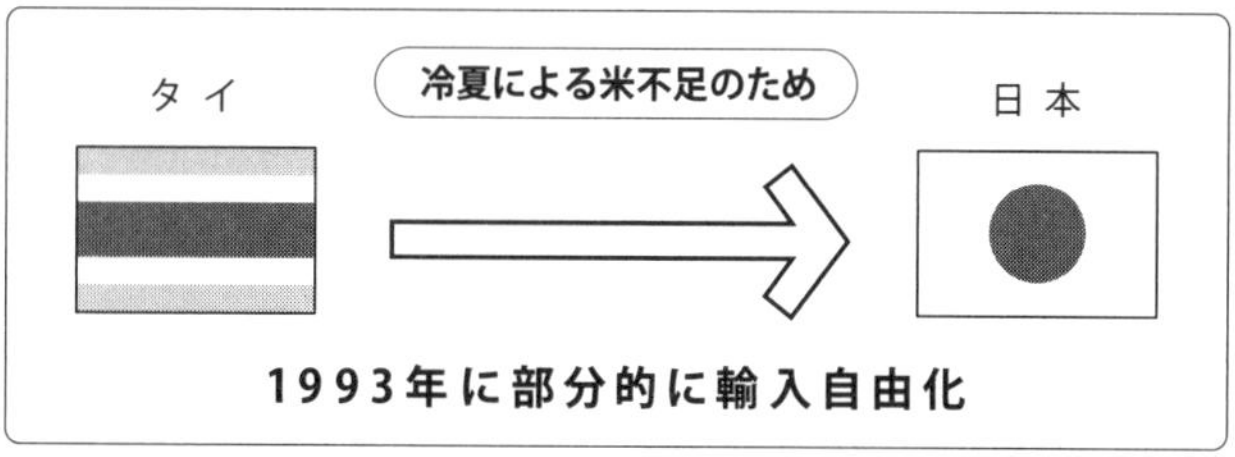

POINT

味覚や安全性の問題から
消費は増えなかった

NO.
22
UNDERSTANDING ECONOMICS: A HISTORICAL APPROACH

国家の力関係と「現代の不平等条約」とは？

自由貿易協定（FTA）の実態

「WTOは加盟国が多すぎて、話がまとまらない！」ということで、1990年代には**2国間や多国間で個別の自由貿易協定が結ばれていきました。**

◎FTA／自由貿易協定……関税などの貿易障壁を撤廃する。

◎EPA／経済連携協定……サービス（金融・通信）や知的財産権（特許・著作権）まで対象を拡大する。

この2タイプがありますが、この区別はそれほど厳密なものではありません。

自由貿易協定の先駆けは、**欧州連合（EU）**です。西欧12カ国が**域内関税を撤廃し、「ヒト・モノ・カネ」の移動を完全に自由化**しました。この結果、人口3億人の大市場が生まれ、西ヨーロッパは経済的規模でアメリカ合衆国に対抗できるようになったのです。

たとえばドイツ企業とアメリカ企業が競合しているとき、EU内部であればドイツ製品は無関税ですが、アメリカ製品にはEUの共通関税がかかって不利になります。戦前のブロック経済ほど極端ではありませんが、発想は同じことですね。

EUに対抗してさまざまな自由貿易圏が生まれる

これに対抗して、世界各地に地域単位の自由貿易圏が生まれていきます。

◎AFTA《アフタ》／ASEAN自由貿易地域……東南アジア10カ国
◎NAFTA《ナフタ》／北米自由貿易協定……アメリカ・カナダ・メキシコ
◎MERCOSUR《メルコスル》／南米共同市場……ブラジル・アルゼンチンなど4カ国

これらと重複しつつ、より広域の市場統合を目指す組織として、

◎APEC《エイペック》／アジア太平洋経済協力……アジア太平洋諸国（NAFTA・ASEAN・日・韓・中・台・豪・露など）

があります。2020年までの自由化を目指し、各国が努力する緩やかな組織です。

2国間の自由貿易協定の締結も21世紀になって活発化しました。日本は、シンガポール、メキシコ、ASEAN、インドとEPAを締結しました。韓国も、EU、アメリカとF

TAを締結しています。

自由貿易協定は、国際分業を徹底するということです。各国が得意分野の輸出を伸ばし、不得意分野は切り捨てて外国製品を受け入れるのです。工業国と農業国、先進国と途上国とのカップリングが理想的な形になります。

日本とメキシコは競合分野がほとんどないから、うまくいったのです。日本と韓国、日本とEUは似たような産業構成ですから、得意分野の潰しあいになります。日韓FTA交渉は、対日貿易の赤字拡大を恐れる韓国側が慎重ですし、日本とEUのEPA交渉では欧州の自動車業界が抵抗しています。

なぜ韓国はアメリカとFTAを結んだのか？

韓国は、貿易額がGDPの50％を超える貿易立国です（日本は10％ちょっと）。それだけ、国内市場が小さいともいえます。したがって、国全体として考えれば貿易自由化のメリットのほうが大きいのですが、外国製品との競合に勝てない業界が出てくるわけです。

米韓FTAは、金融危機から立ち直れず10％台の失業率が続くアメリカのオバマ政権が、雇用確保のため輸出倍増計画の一環として、韓国の**李明博**《イミョンバク》政権に締結を迫ったものです。

韓国輸出産業の花形であるヒュンダイ自動車やサムスン電機は、米国市場の開放で輸出を拡大できますが、それ以外の中小企業や農家は、韓国市場に無関税で流入するアメリカ製品との価格競争にさらされるわけです。さらにＩＳＤ条項（Ｐ１２７）も米韓ＦＴＡには含まれており、猛烈な反対運動を押し切って調印されました。

韓国は38度線で北朝鮮と対峙し、韓国の安全を担保しているのは在韓米軍の存在です。対米関係の悪化は、韓国の安全保障に直結します。

このように**２国間交渉では、外交・軍事も含む力関係が影響**します。日米交渉においても同じことがいえるのです。

KEY PERSON

李明博

韓国大統領。零細企業だった現代建設を大企業に成長させ、同社の会長に就任。ソウル市長を経て大統領に。韓国経済のグローバル化を推進、オバマ政権と米韓ＦＴＡを締結。

小泉内閣が行ったのは、日本の「市場開放」の徹底

NO.
23

UNDERSTANDING ECONOMICS: A HISTORICAL APPROACH

「聖域なき構造改革」とは何だったのか？

「聖域なき構造改革を！」「抵抗勢力をぶっつぶす」

〝小泉劇場〟ともいわれた小泉純一郎首相が掲げたスローガンですが、そもそも構造改革とはいったい何なのでしょうか。ここには、日米間の長い攻防の歴史があるのです。

冷戦中、アメリカ最大の敵はソヴィエト連邦（ロシア）でした。日本はアメリカの同盟国として米軍に日本防衛の義務を負わせ、自らは平和憲法の名のもとに防衛負担を免れ、1ドル＝360円の固定相場制のもとで経済成長に邁進しました。

1960年代から日本製品がアメリカ市場を席巻し、アメリカの製造業を疲弊させました。ニクソン・ショックやプラザ合意でアメリカがドルの切り下げを容認したのは、**アメリカの対日貿易赤字が最大の原因**だったのです。

アメリカの標的は、ソ連から日本へ

一連のドル安政策により、日本製品の流入にはブレーキがかかりましたが、日本市場へのアメリカ製品の輸出は一向に伸びません。アメリカ政府は考えました。

「日本政府が国内産業を守るために採用している保護主義にこそ、最大の問題がある！」

ちょうど冷戦が終わり、ソ連が崩壊した時期です。クリントン政権のゲーツＣＩＡ長官は、「ＣＩＡの業務の４割、予算の３分の２を経済分野に充てる」と発言します。

ソ連という最大の敵を失ったＣＩＡは、情報収集と工作活動のメインターゲットに日本を選んだのです。

大店法の改正とトイザらスの出店

日米構造協議（１９８９年）がその始まりでした。小売店を守るため大型店舗の出店を規制していた**大店《だいてん》法の改正がこの時期の成果**です。「アメリカの大手おもちゃ量販店トイザらスが、新潟への出店を地元商店街の反対で阻止されたのは大店法の問題だ」とアメリカ側が問題にしたため、羽田孜《はたつとむ》内閣は大手スーパーの出店規制を緩和したのです。

地方にシャッター街が生まれた理由

この結果、郊外に巨大な駐車場を備えた大型スーパーや量販店が次々に建設され、駅前の商店街には客が集まらなくなり、シャッター街となってしまうという現象が各地で起こりました。

１９９３年の日米首脳会談では、クリントン大統領が宮沢首相と「日米包括協議」で合意。翌年の村山富市内閣以降、**「年次改革要望書」という形でアメリカ政府が日本政府に提出します。**「日本市場のここが閉鎖的だ」という何百項目ものリストです。

「構造改革」によって、変わっていったこと

日本ではバブル崩壊後のデフレ不況の中、自民党が多数を失って1年ごとに政権が交代しますが、どの政権もアメリカの求める「構造改革」に従ってきました。**建築基準法の改正、司法制度改革（裁判員制度）、労働者派遣法の改正（人材派遣業の規制緩和）**。これらはすべて年次改革要望書の要求通りに改正されてきました。

さらにアメリカの金融資本は、日本の郵便貯金・簡易保険に眠っている３５０兆円もの

巨大な資金に目をつけます。

「日本の郵便事業は外資の参入を妨げる非関税障壁だ。構造改革によって民営化しなければならない」というアメリカの要求に応えたのが小泉内閣です。

田中角栄以来、建設業界と結びついて自民党を牛耳ってきた自民党主流派を「改革に反対する抵抗勢力」と切り捨て国民の圧倒的支持を得た小泉首相は、「改革の本丸」として**郵政民営化**を断行し、その是非を問う衆議院選挙で圧勝します。アメリカと小泉首相の利害が一致し、自民党の古い体質に辟易《へきえき》していた国民がこれを支持したのです。

次にアメリカが狙うは、医療と保険

最後の砦となったのが、医療と保険です。アメリカには国民皆保険制度はありませんので、民間の保険会社と契約しなければならないのです。月々の保険料を払えない人は無保険ですから、高額の医療費を実費で支払わされます。保険会社が膨大な利益を上げる一方、カネがないから歯医者にも行けない、という問題が起こっています。病院の窓口で保険証を提示すれば、３割の負担で医療を受けられる**日本の国民皆保険制度は、外資系の保険会社からすると「日本市場への参入を阻む非関税障壁」**としか見えません。

「関税0%、100%の外資参入」がアメリカの狙い

菅《かん》内閣のときアメリカは突然、「日本もTPPに参加せよ」と要求してきました。例外なき貿易自由化を目指すTPPは、関税を0%にするほか、金融、保険、医療においても100%の外資参入を認めることになっています。**20年以上続いた「構造改革の仕上げ」ともいうべき条約がTPP**なのです。

KEY PERSON

小泉純一郎

日本の首相。新自由主義を信奉し、郵政の民営化を主張。反発する自民党主流派を「抵抗勢力」と断じ、国民的支持を受けて首相に。米国のブッシュ政権との蜜月関係を築く。

「構造改革」とアメリカの狙い

1980年代

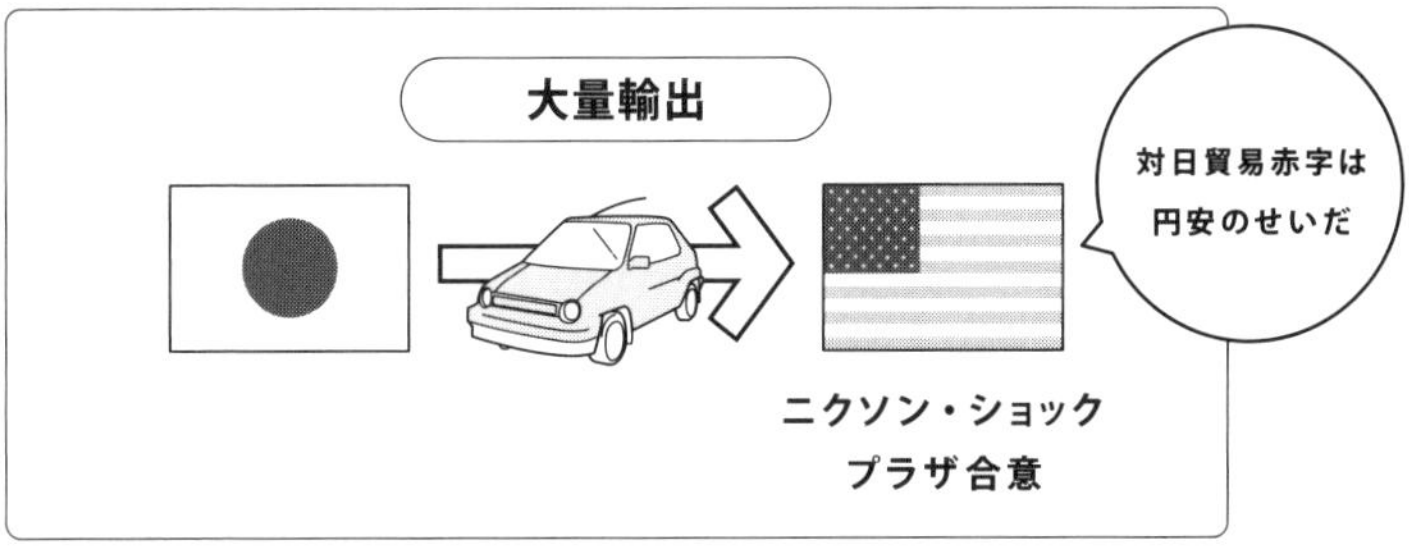

1990年代以降

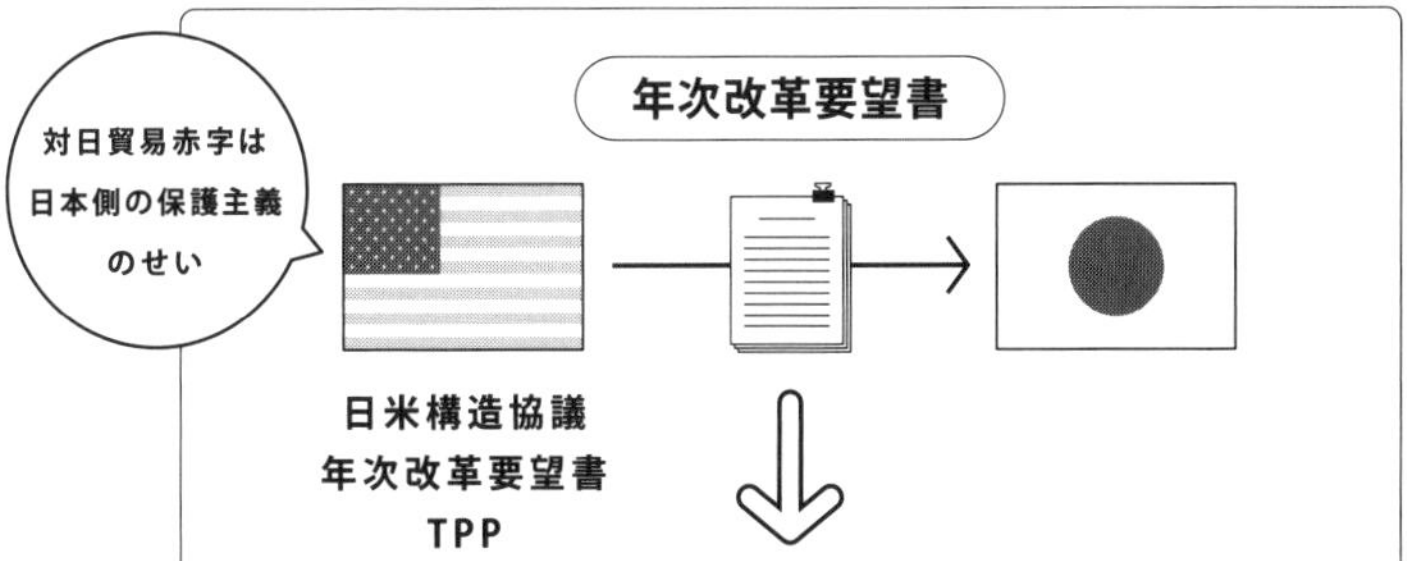

POINT

これが「構造改革」の大元であり、

「郵政民営化」もその1つ

アメリカによるTPPの真の狙いとは？

NO.
24
UNDERSTANDING ECONOMICS: A HISTORICAL APPROACH

TPPが目指すのは「例外なき関税撤廃」

TPPは、環太平洋戦略的経済協力協定（Trans-Pacific Strategic Economic Partnership Agreement）の略です。

始まりは２００６年、東南アジアの小国シンガポール、ブルネイ、ニュージーランドと、南米のチリが協定を結びました。いずれも**小国で国内市場が小さいから、共同市場を作ろう、関税は例外なくゼロ**にしよう、ということで合意します。

シンガポールは機械製品、ブルネイは石油と天然ガス、ニュージーランドは乳製品、チリは鉱産物の輸出国ですから、彼らの間では競合関係はないのです。

そこにアメリカが割り込んできたのが２０１０年。

「巨大なアメリカ市場を君たちに開放しよう」

「投資、サービス、知的財産権、労働力についても規制を完全撤廃しよう」と提案しました。

小国にとっては米国市場が開放されるのですから大歓迎です。

日本が加盟しなければ意味がない!

アメリカの参加を見て、オーストラリア、ヴェトナム、マレーシア、ペルーも参加して11カ国になります。「環太平洋」といっていますが、中国も韓国も入っていません。世界最大の巨大市場アメリカと、市場規模の小さい小国だけでTPPを作っても、米国企業にはほとんどメリットがありません。しかし、ここに日本が加盟すれば話は別です。

TPPは当初より「例外なき関税撤廃」を原則にしています。日米構造協議や年次改革要望書でも実現しなかった**日本の米輸入の完全自由化や、国民皆保険制度など日本国内の非関税障壁を、日本のTPP加盟により撤廃できるかもしれない**のです。

菅政権がTPP交渉参加に前向きな姿勢を示すと、カナダ・メキシコも参加を表明します。日本市場への参入を期待してのことでしょう。

日・米のGDP（国内総生産）の合計は、TPP参加国全体のGDPの90%にも達します。**TPPは、事実上の日米FTA**なのです。

日本国内でも意見はバラバラ！

内閣府の試算では、TPPに参加して得られるGDPの成長は10年間で2・4〜3・2兆円（単年度では2000〜3000億円）。

一方、農水省の試算では関税撤廃によるGDPの減少額は、農業部門で4・1兆円、国全体では7・9兆円という数字が出ています。

輸出産業は米国市場の開放で利益を拡大しますので、TPPにはもちろん大賛成。彼らの監督官庁である経産省は、TPP不参加による日本のGDP損失を10・5兆円と試算しています。要するに、省庁間でも意見がまとまっていません。

輸出企業の占める割合が多い経団連、大企業からの広告収入で成り立っている主要マスコミなど推進派は、「TPPに加盟しないと日本はアジアの発展にとり残される」と主張します。しかし**中国・韓国のほか、ASEAN諸国の大半もTPPには不参加**です。

反対派は、主食である米の完全自由化は、主食の自給を確保するという食糧安保の観点から問題であること、遺伝子組み換え食品や、特定の農薬の規制が「非関税障壁」と見なされれば、「食の安全」が保証できないこと、国民皆保険制度が守れなくなること、などを指摘しています。

さらにTPPにはISD条項、ラチェット条項が組み込まれる恐れがあります。

◎ISD条項……外資がA国に投資し、A国の政策により損害をこうむった場合、世界銀行傘下の調停機関にA国を提訴、損害賠償を請求できる。審理は非公開で一審制

◎ラチェット条項……一度規制を緩和するとどんなことがあっても元に戻せない

これらは米韓FTAやNAFTA（北米自由貿易協定）に組み込まれており、実際に**韓国政府はアメリカの投資会社からISDで提訴されています。**

安倍政権（甘利経産大臣）はTPP交渉に参加し、「農林族」議員の反対を制して国会の承認を取りつけました。ところが、TPPに反対するアメリカ自動車産業の後押しを受けて成立したトランプ政権は、TPP交渉から離脱してしまいました。米国抜きで、日本主導の新たな協定に発展する可能性もあります。

KEY PERSON

安倍晋三

日本の首相。岸信介の孫。戦後体制からの脱却を掲げ、民主党政権の混迷と、日中関係悪化の中で首相に再登板。デフレ脱却のため金融緩和と公共投資のアベノミクスを推進。

第4章

金融

投資とバブル

- THEME -

FINANCE

UNDERSTANDING ECONOMICS:
A HISTORICAL APPROACH

金融の歴史は、迫害された者の歴史でもある

「いつでも逃げられる仕事」、それが金融業だった

NO.
25
UNDERSTANDING ECONOMICS: A HISTORICAL APPROACH

銀行や証券会社は、学生の就職人気ランキングの上位に入る業種です。これらは金融業と呼ばれますが、その歴史はどのようなものだったのでしょうか？時代は4000年の昔にさかのぼります。

そもそも**金融とは、貸し手が借り手に資金を融通すること**です。借り手に返済を求めない場合を贈与といい、返済を求める場合を貸借《たいしゃく》といいます。貸借の場合、借り手（債務者）は貸し手（債権者）に対して返済と同時に利子を支払うのが一般的です。

古代バビロニアの**ハンムラビ法典**（前18世紀）には、楔形《くさびがた》文字でこう記してあります。

「商人が穀物1クールに対し60クーの利息を超過してとったときは、彼が与えた（貸与し

た）ものを失う」

国家が、利子の上限を定めた最古の規定です。

農業と金融の意外な接点

これより古いシュメール人の法典にも、利子の存在を匂わせる規定があり、農耕文化とともに金融は始まったようです。

農業は、種まきした量の数倍の収穫を期待できます。農民に種を貸し、収穫時に元本と利子をとったのが金融の始まりでしょう。古代ギリシアの都市国家アテネには、利子をとって融資を行う銀行が存在しました。

「持ち逃げできる資産」を蓄える必要があった

金融業者として活躍した民族として、フェニキア人、ソグド人、アルメニア人、ユダヤ人、客家《ハッカ》がいます。いずれも、**強大な異民族の支配を長く受けた少数民族**です。そのため課税対象になりやすい固定資産（土地や建物）ではなく、**持ち逃げできる金融資産（貴金**

属)を蓄え、これを異民族に貸して、利子をとることで利益を上げました。

フェニキア人は中東のレバノンを本拠地とし、北アフリカにカルタゴという都市国家を建設して地中海貿易を独占するまでに至りました。しかし強大化し過ぎたことがローマを警戒させ、3度にわたるポエニ戦争に敗北して、ローマに併合されてしまいました。

ソグド人は、中央アジアのオアシス地帯(現ウズベキスタン)を本拠地とするイラン系の商業民族です。子どもが生まれると、良い商人になるようコインを握らせ、口に蜜を含ませました。シルクロードの交易を独占したほか、資金力とネットワークを使って各国の政界にも進出しました。唐の玄宗《げんそう》皇帝と楊貴妃《ようきひ》に仕え、のちに大反乱を引き起こした軍人の安禄山《あんろくざん》も、父親がソグド人でした。彼らはまたウイグル王国、モンゴル帝国の官僚としても活躍します。

現代にも影響力を持つアルメニア人

アルメニア人は、トルコ東部、黒海とカスピ海の間に住む少数民族です。古代アルメニア王国がローマとイラン(ササン朝ペルシア)によって分割支配されたあとも、アルメニア人は独自の言語・宗教を保って商業民族として生き残ります。

後に、イランと欧州諸国を結ぶ中継貿易で栄え、近代になるとロシアとオスマン帝国に分割支配されました。第一次世界大戦中、オスマン帝国内のアルメニア人は、イギリス・フランスの支援を受けて独立を図り、オスマン・トルコ軍との衝突で多くの犠牲者を出しました。

これについてトルコ側は「内戦による犠牲者である」という立場をとっていますが、アルメニア側はこれを「アルメニア人虐殺」と呼び、今もトルコ政府を非難しています。この論争に対し、フランス議会やアメリカ議会がトルコ非難決議を可決しています。つまり現在なお、**西欧諸国やアメリカでは、アルメニア人が一定の政治力を持っており、無視できない存在である**ということです。

「中国のユダヤ人」はこうして生まれた

中国でも、戦乱で中原（黄河の流域）から追われた人々が、広東省・福建省など南中国へ移住し、中原地方の古い言語・風習を維持して**客家**《ハッカ》と呼ばれています。文字通り、**「よそ者」という意味**です。

客家は、移住先では山間部の貧しい地域に住むことを強いられたため、農業ではなく商業金融活動に活路を見出し、「中国のユダヤ人」とも呼ばれます。**海外に移住した中国商人、華僑《かきょう》の多くは客家の出身**です。フィリピン、インドネシアなど東南アジア諸国には多くの華僑が住んでおり、経済はもちろん、政治的にも大きな影響力を持っています。

また客家は教育にも力を入れ、科挙《かきょ》（官僚採用試験）の合格者を輩出し、政界にも進出します。中華民国を建てた**孫文《そんぶん》**、中華人民共和国で改革開放政策を進めた**鄧小平《とうしょうへい》**、台湾民主化を指導した**李登輝《りとうき》**、いずれも客家の出身です。

ユダヤ人については、次節で詳しく説明しましょう。

KEY PERSON

ハンムラビ

バビロニア王。シュメール人の諸都市を征服してメソポタミア（現在のイラク）を統一。シュメール法を集大成しハンムラビ法典として発布。利息に関する最古の規定を定めた。

金融業と少数民族の関係

◎ 金融業者として活躍した民族

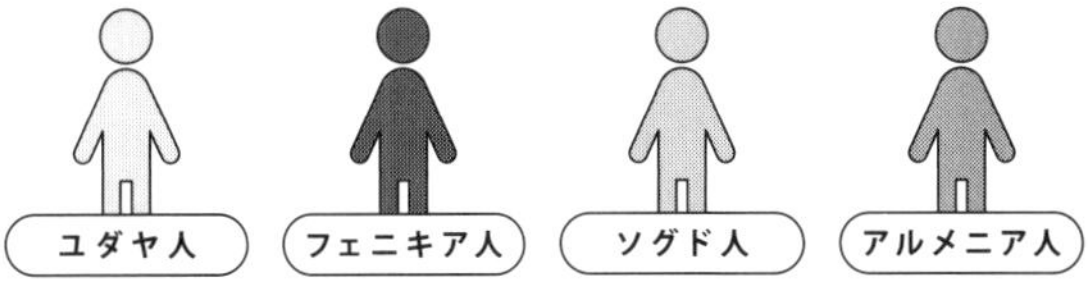

「強大な異民族の支配を受けた」という共通点がある

⇩

そのため、いつでも逃げられるよう、

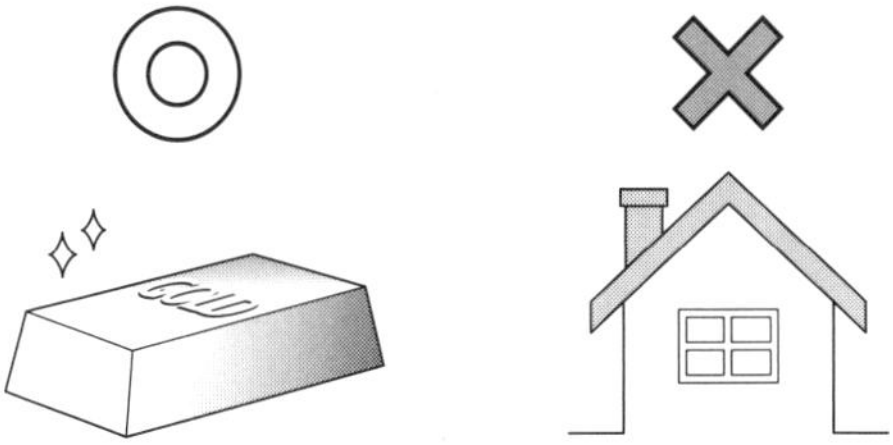

金・銀　　　　不動産

POINT

金融資産（貴金属）を蓄えるようになり、

金融業を始めるようになった

NO. 26

UNDERSTANDING ECONOMICS: A HISTORICAL APPROACH

「ユダヤ人＝金貸し」のイメージは、どこから生まれたのか？

迫害の歴史の中に、そのヒントがある

「ユダヤ人」と聞いて、あなたはどのようなイメージを持ちますか。「勤勉」「頭がいい」「迫害」etc。しかしその中でも、「金貸し（金融業者）」のイメージが最も強いのではないでしょうか。

「利子をとってはならない」が聖書の教え

ユダヤ人と中世ヨーロッパの金融の歴史を見ていきます。

「外国人には利子をつけて貸してもよいが、同胞には利子をつけて貸してはならない」

『旧約聖書』・申命《しんめい》記（23章21節）が伝える預言者モーセの言葉です。

『旧約聖書』はユダヤ教の聖典であると同時に、ユダヤ教から派生した**キリスト教、イスラム教でも聖典**とされます。

現在、イスラム世界には銀行がありますが、利子をとることはできません。銀行はどうやって利益を得るかというと、融資先（すなわち企業）との共同出資という形で事業を立ち上げ、利益が上がったらそれを銀行と融資先とで折半しているのです。

さて、『旧約聖書』では利子に対し厳しい規定がありましたが、**「外国人＝異教徒から利子をとることは罪ではない」**とされています。

古代ユダヤ国家がローマ帝国によって滅ぼされ、ユダヤ人は各地に離散しました。その後ローマ帝国が崩壊し、北半分はキリスト教世界、南半分はイスラム世界となりますが、ユダヤ人（ユダヤ教徒）はいずれの世界でも外国人＝異教徒と見なされました。

ピンチをチャンスに変える

キリスト教世界では、「イエス・キリストを十字架にかけた邪悪なユダヤ人」という偏見が広まり（イエスも聖母マリアもユダヤ人だったはずですが……）、カトリック教会の指導者であるローマ教皇や西欧各国の王はユダヤ人の土地所有を禁じ、またユダヤ人に対する襲撃事件も繰り返されました。

迫害から逃れて流浪するユダヤ人は全財産を貴金属に換え、**異教徒であるキリスト教徒に金銭を貸しつけて利子をとる金融業者として生き続けた**のです。こうしてユダヤ人が金融業者として生き残りの道を模索する一方、キリスト教徒の中にも金融業者が出現します。

預金通帳やキャッシュカードは、宗教騎士団が作った

その始まりが**テンプル騎士団**です。十字軍の時代、聖地エルサレムをイスラム教徒の襲撃から防衛し、キリスト教徒の巡礼者を保護する軍事組織として結成され、フランスの貴族が歴代の騎士団長を務め、西欧各国の王や貴族たちから土地を寄進されました。

治安の悪い時代ですから、エルサレムへの巡礼者は途中で盗賊に襲われることが多く、現金の持ち歩きは危険です。

そこで騎士団は**巡礼者の旅費を預かって預かり証を発行し、預かり証を提示されれば現金を払い戻すシステム**を確立しました。預金通帳やキャッシュカードの原型です。

その際、「預かり手数料」という形で利子をとったのです。やがて騎士団は莫大な資金を運用するようになり、フランス王室にも融資を行いました。国際金融機関のはしりです。

フランス王フィリップ4世はイギリスとの戦争で財政難に陥っていました。王はユダヤ人の財産を没収して国外追放したあと、テンプル騎士団員の全員逮捕と財産没収を命じます。「悪魔崇拝・同性愛」の罪状で拷問にかけて自白させ、騎士団長以下、火あぶりにするというめちゃくちゃな方法で騎士団を壊滅させ、その財産をフランスの国庫に移しました。国際金融機関と国家権力との暗闘の始まりです。

テンプル騎士団の残党が、専制打倒を掲げる秘密結社フリーメーソンに流れ込み、のちにフランス革命などで暗躍した、という伝説もあります。

両替手数料として、利子をとるようになる

イタリアでは、フィレンツェの**メディチ家**に代表される**両替商が、事実上の銀行業務を開始**します。彼らは両替手数料の名目で利子をとりました。

これを非難されたメディチ家が、教会や公共施設への莫大な寄進を行い、建築家や画家たち――ボッティチェリやミケランジェロを雇ってイタリア・ルネサンスのパトロンとなりました。北イタリア・ロンバルディア地方の両替商はイギリスのロンドン中心部（シティ）にも進出し、金融センターのロンバード街を開きました。

金融帝国の立役者、ロスチャイルド家

自由、平等を掲げたフランス革命の時代にはユダヤ人迫害も下火になり、金融業者として大きな力を持つユダヤ人が現れます。

ドイツのフランクフルトでは、ユダヤ人両替商の**ロスチャイルド家**が各国の王や貴族への融資で台頭しました。初代マイヤーは危険の分散のため息子たちにロンドン・パリ・ナポリ・ウィーンの支店を任せます。ロンドン支店のネイサンは、ナポレオン戦争（ワーテルローの戦い）で**フランス軍敗北の情報をいち早く入手、そしてフランス軍勝利のニセ情報を流して、イギリス国債を暴落させてから買い占め、欧州最大の金融資本として不動の地位を確立**するのです。

KEY PERSON

ネイサン・ロスチャイルド

イギリスの銀行家。ユダヤ系財閥マイヤー・アムシェル・ロスチャイルドの三男。ナポレオン戦争で英軍敗北の虚偽情報を流し、暴落した英国債を買い占めて巨利を得た。

ユダヤ人の迫害と発展

旧約聖書

同胞には利子をつけて貸してはならない。ただし、外国人（異教徒）ならよい

聖書にはこうした規定があり、また、

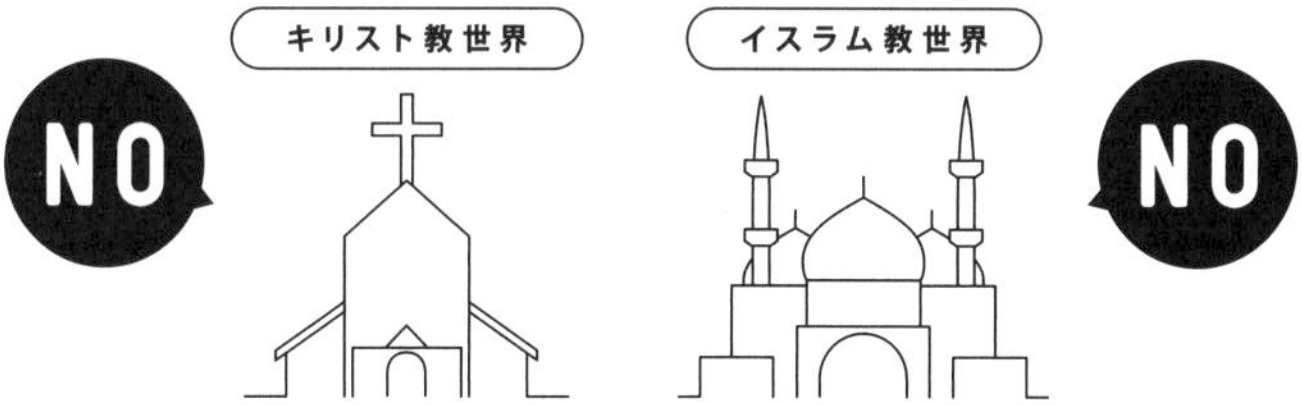

ユダヤ人はどこに行っても外国人（異教徒）扱いを受けた

そのため、

ユダヤ人

異教徒から利子をとるのは問題なし！

POINT

金融業者として発展していった

リスクを回避せよ！株式会社と保険業の成立

NO. 27

UNDERSTANDING ECONOMICS: A HISTORICAL APPROACH

さまざまなリスクに対し、人々はどう知恵を絞ったか？

シェークスピアに『ヴェニスの商人』という作品があります。大商人アントーニオが、親友のためにユダヤ人の高利貸《こうりがし》シャイロックから「自分の肉1ポンド」を担保に大金を借り、返済期限までに返せなくなったため、「肉を切りとらせろ！」と迫られる話です。

そもそも、どうしてアントーニオは借金を返済できなくなったのか。

それは、彼が保有する貿易船が、航海の途中で遭難してしまうからです。

シャイロック「トリポリへ商船が一隻、西インド諸島へ一隻。一隻はメキシコへ、もう一隻はイギリスへ。だがね、船ってやつはただの板きれ。海の泥棒――海賊もいる。それから海の危険、風の危険、暗礁の危険も……」（『ヴェニスの商人』第1幕第3場）

バスコ・ダ・ガマのインド航路発見に始まる大航海時代は、ヨーロッパの商人にとって、アジアの香辛料や絹を直輸入することで莫大な富を得るチャンスでした。同時にそれは、1回の遭難で全財産を失う**ハイリスク・ハイリターンのギャンブル**だったのです。

最初は「大商人が共同で出資し、船を買って乗組員を雇い入れ、無事に船が戻ってくれば利益を出資者で分配して解散」という1回限りの事業として始まりました。やがて貿易が軌道に乗ってくると、永続的な会社組織としての商社が生まれます。

世界初の「株式会社」は、オランダで生まれた

スペインの無敵艦隊を破ってイギリスの黄金時代を築いたエリザベス1世の時代に、ロンドンの貿易商人が共同出資して設立した**イギリス東インド会社**が、本格的な商社の出発点です（１６００年）。同社は女王から喜望峰以東の貿易独占権を与えられ、19世紀までイギリスのアジア貿易を一手に握りました。ライバルのオランダでも、アムステルダムの商人たちが**オランダ東インド会社**を設立しました（１６０２年）。

この会社がユニークだったのは、出資者（株主）を設立メンバーの貿易商人に限るのではなく、広く一般から募ったことです。**株主には株券を発行し、利益が上がれば配当金を分配する代わりに、リスクも出資金額の分だけ株主に負担してもらう**という有限責任のシ

ステムです。この**オランダ東インド会社こそ、世界初の株式会社**といわれています。

鎖国下の日本でも、各藩の米や特産品を大阪や江戸へ海上輸送する航路が開かれ、各地の豪商が交易に従事しました。日本初のヨーロッパ的な商社としては、幕末に長崎で起業した**坂本龍馬の亀山社中**《かめやましゃちゅう》が有名です（１８６４年）。なお、亀山社中の出資者は薩摩藩であり、株券は発行していないので株式会社とはいえません。日本最初の株式会社は、明治初年の第一国立銀行（１８７２年）です。

保険業も、航海のリスク分散から生まれました。保険業者は貿易商から保険金を集め、何も事故がなければ利益として回収します。逆に何かあれば保険金を支払うことを約束しました。海上保険の始まりです。

17世紀末のロンドン港に、エドワード・ロイドという男がコーヒー・ハウスを開きます。ロイドの店は船乗りや貿易商、保険業者のたまり場となり、航海に関する情報交換が盛んに行われました。ここに集まった保険業者たちは、ロイズの名前で**保険の共同組合**を設立し、海上保険から火災保険、盗難保険まで、商品ラインナップを拡大していきました。ロイズ商会の始まりです。

たとえ航海に出なくても、人は必ず老い、病にもなり、最後はあの世へいくわけですから、人生そのものがギャンブルともいえます。子どもの養育や老親の介護、自分の葬式にいくらかかるのか。健康なうちに保険料を支払っておき、いざというとき保険金を受けとる生命保険の起源も、17世紀末のイギリスにあります。

年金や健康保険は、革命運動を防止するためのもの

政府が保険料を徴収する**公的年金や健康保険制度**を確立したのは、19世紀末にドイツ帝国を樹立した「鉄血宰相」**ビスマルク**です。

ビスマルクは、労働者階級の貧困と将来への不安が労働運動の激化、社会不安を招いていると見抜き、最低限の生活を保証することで社会秩序の維持を図ったのです。

日本でも安保闘争が荒れ狂った1960年代初頭から**国民皆保険制度**が実施され、全国民に健康保険証を配布し、自己負担額3割で医療を受けられるようになりました。これが自民党の長期政権と、安定した経済成長を支えたのです。

KEY PERSON

エドモンド・ハリー

イギリスの天文学者。ニュートンと親交、ハレー彗《すい》星の軌道を計算した。住民の死亡記録から平均余命を算出した「ハリー生命表」は、保険・年金制度の確立に貢献。

NO. 28

UNDERSTANDING ECONOMICS: A HISTORICAL APPROACH

投資の世界史
――タレースから大阪米市場まで

始まりは2500年前

2014年から「NISA(少額投資非課税制度)」がスタートします。これは、株式や投資信託などの運用益を一定額非課税にする制度です。関連書もたくさん出版されており、これで日本の投資人口も増えるのではと考えられています。

身近な存在になりつつある「投資」ですが、どのように始まったのでしょうか。

そもそも**投資とは、将来、価値が上がると予想される商品を買っておく**ことを指します。自分で価値を作り出す生産活動や、他人が作ったものに利益を上乗せして転売する商業活動とは違い、**モノを保有し、時間差で利益を得ようとする行為**です。投資対象は、商品や土地、人間に始まり、近代になると株式や債券、通貨に広がります。

完全な未来予測は誰にもできませんから、実際に値上がりするかどうかはわかりません。

あるいは値下がりして損失を出すかもしれません。この「リスクを負う」というのが投資の特徴です。リスクの非常に大きい投資は、「投機」と呼ぶこともあります。

起源は古代ギリシアまでさかのぼります。哲学者**タレース**は、「哲学なんて何の役に立つのか」と人々に嘲笑されたあと、天文の知識を使って翌年のオリーブが豊作になることを予測し、オリーブ圧搾機を契約時の価格で借り受ける権利を買い占めました。

翌年、オリーブが豊作になって圧搾機が高騰すると、タレースは契約時の安価で圧搾機を借り、これを人々に高値でまた貸しして巨利を得ました。

紀元前５世紀。世界最古の投資の例でしょう。タレースの方法は、現代では「**先物《さきもの》取引**」、正確には「オプション取引」（Ｐ１５１）と呼ばれる方法です。**ある商品を、将来のある時点に特定の価格で売買することを現時点で約束する取引**を指します。

日本初の先物取引は、大阪の米市場から

江戸時代の日本では、農民が納める年貢は貨幣ではなく米でした。全国の大名は徴収した米を大阪の蔵屋敷《くらやしき》に送り、米商人に転売して藩の財政に必要な貨幣を得ていたのです。**大阪の米市場・堂島**では、18世紀には先物取引が行われていました。

米の価格は収穫直後に売買が集中し、毎年の天候によっても大きく変動します。大阪の米商人たちは、極端な米価の変動による損失を回避する方法を考え出しました。**収穫前に今年の米価を予想し、その価格で売買することを決めておく**のです。

当然、実際の米価との差額が生まれますが、その**差額で利益を出す**こともできます。不作で米価の高騰が予想されれば安値で先物買いをし、豊作で米価の下落が予想されれば高値で先物売りをすれば、利益を出せます。タレースのオリーブ圧搾機と同じですね。

江戸幕府は最初これを危険な投機として禁じましたが、やがて堂島の米商人組合に限って許可しました。彼らが取引したのは実際の米ではなく帳簿上の数字であり、これが公認された**近代的な先物取引の始まり**です。堂島米市場は幕末に閉鎖されますが、その伝統は明治以降、大阪証券取引所に受け継がれます。

KEY PERSON

タレース

ギリシアの哲学者。「哲学の父」。神話的な世界観を否定し、万物の根源を水と考えた。オリーブの豊作を予想し、オリーブ圧搾機を安価で借りる契約を結び、先物取引に成功。

世界初の投資はどう生まれたか？

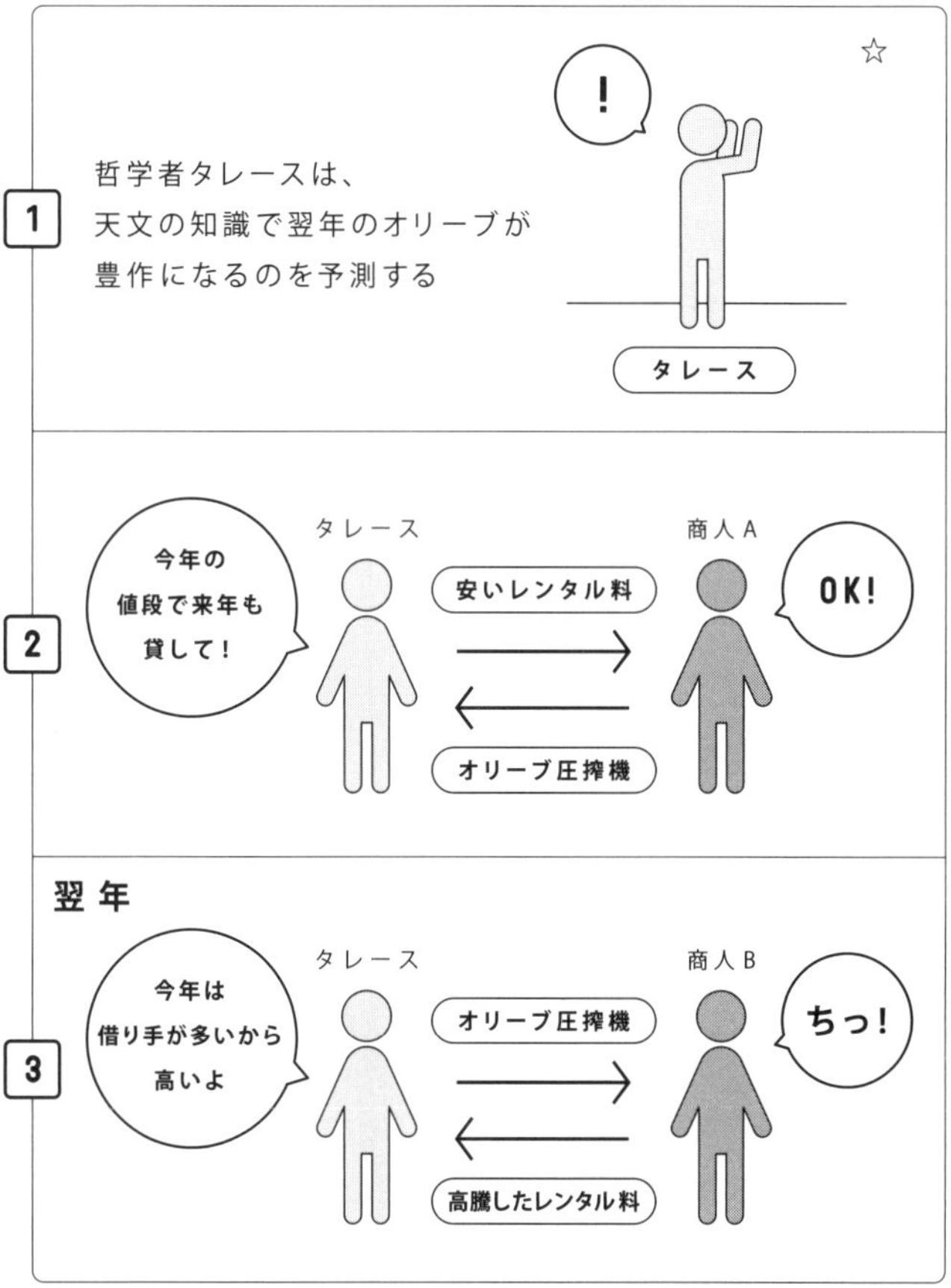

世界初のバブルは、チューリップの球根から

NO. 29

UNDERSTANDING ECONOMICS: A HISTORICAL APPROACH

投資マネーは、あらゆるものに襲いかかる

バブルは「泡」。泡のようにふくれてはパチンと消える幻の好景気のことです。世界初のバブルは、17世紀のオランダで起こった**チューリップ・バブル**です。

スペインから独立したオランダは、ポルトガルの植民地を奪って香辛料貿易を独占しました。17世紀前半には、世界貿易の50％をオランダ船が占めるほどの貿易大国になりました。アムステルダムに集まった巨額の資金は、さらに利益を求めてさまざまな商品に投資されました。特に注目されたのがチューリップの球根です。

東地中海のオスマン帝国で栽培が始まったチューリップの球根は、オランダで品種改良が進みます。はじめは植物愛好家の間で取引されていた球根の価格は、投資家マネーが流れ込んだため異常な急騰を続けます。**球根を買って転売するだけで儲かる**のですから、庶

民もチューリップ投資に群がりました。

自己資金のない庶民でも、**将来のある時点で、一定価格で球根を買う権利《オプション》をわずかな手数料で購入**でき、現金がなくても家財道具や家畜を担保に投資が可能でした。帳簿上の決済ですので、実際の球根を手にすることもありません。

たとえば、「来年１月に10万円でこの球根を買う」という権利を２０００円で買ったとします。来年１月の時点でその球根が12万円に値上がりしていれば、すぐに転売することにより、差額の２万円から手数料の２０００円を引いた１万８０００円が手元に残ります。これが**オプション取引**です。

これは、**球根価格が上昇し続けることが前提**です。実際の価格が８万円に下がってしまったら、権利を放棄しても手数料２０００円の損失となります。

庶民にまで広がった結果……

オランダのチューリップ市場は庶民が投資に参入したため制御不能に陥ります。最高級品種になると、球根１個で家が買えるほどの高値で売買されたのです。

１６３７年２月３日、暴落の危険を感じたプロの投資家たちが一斉に「売り」に転じ、球根価格は暴落します。投資家たちは最高値で売り逃げて利益を出しましたが、悲惨だったのは庶民です。家財道具や家畜を没収された上、多額の借金を背負わされました。

国家ぐるみの壮大なサギ？

18世紀はじめのイギリスでも、**南海バブル事件**が起こりました。バブルという言葉が使われた最初の事件です。

フランスとの植民地戦争で財政難に陥ったイギリス政府は、大量の国債を発行しました。この国債を引き受けさせる、すなわち購入させるために財務大臣ハーレーが設立したのが南海会社です。政府は南海会社に、**引き受けた国債と同額の株式発行権**を与えます（株式発行には政府の許可が必要でした）。２００ポンドの国債を引き受ければ、２００ポンド分の株式が発行できる、というわけです。

ところがこのとき、株券の額面価格ではなく、実際に売買されている国債の市場価格で株価を算出し、それと同額の国債を引き受けさせたのです。

たとえば国債１枚が２００ポンドとした場合、南海会社株の株価が額面で１００ポンドであったとしても、市場で売買されている価格が２００ポンドであれば、２００ポンドの国債を購入できたのです。

政府の保護を受ける形となった南海会社の株式に人々は殺到し、100ポンドだった株価が半年で1000ポンドを超えます。まさにバブルです。

しかし、南海会社の本来の業務である新大陸への奴隷輸出は赤字が続いていました。赤字解消のため宝くじの販売まで始め、何の会社だかわけがわからなくなっていました。

1720年、危険を感じた投資家は、南海会社株を一斉に売りに出し、バブル崩壊が始まります。売り損ねた人々の中からは破産者が続出。有名な物理学者のアイザック・ニュートンも2万ポンドの損失を出し、こう言いました。

「私は、天体の運行は計算できるが、人々の狂気までは計算できなかった」

南海会社の清算過程で、多くの政治家の収賄も明らかになりました。事件の事後処理にあたったウォルポールは、国王ジョージ1世の信認を得て第一大蔵卿（首相）に就任します。**公的な監査制度と公認会計士制度が生まれた**のも、南海バブル事件の副産物です。

KEY PERSON

ウォルポール

イギリスの初代首相。南海バブル事件の事後処理にあたり、国王ジョージ1世の信認を得て第一大蔵卿、事実上の初代首相に任命され、議院内閣制を確立した。

「経済成長↓世界恐慌」のメカニズム

NO. 30

UNDERSTANDING ECONOMICS: A HISTORICAL APPROACH

経済成長と株価は連動するのか？

日本経済の「失われた20年」を引き起こしたのは、１９８９年の株価暴落に始まるバブル崩壊でした。同じ現象が、オランダのチューリップ・バブル、イギリスの南海バブル事件、そして１９２９年の**世界恐慌**でも起こったのです。

第一次世界大戦で連合国を勝利に導き、しかも本国が戦場にならなかったアメリカ合衆国は空前の経済大国に成長し、世界最大の債権国になります（Ｐ49）。

ヨーロッパ経済はまだ立ち直らず、米国からの輸出は好調でした。貿易黒字に加え、大戦中に買っておいたヨーロッパ諸国の戦時国債の償還（支払い）も始まり、**大量の資金がニューヨークのウォール街に流れ込みます。**

ウォール街の金融資本は、これらの資金を企業に低利で貸しつけます。企業の経営者は、工場の生産ラインなど設備投資に資金を投下します。

フォード自動車は、最初の庶民向け乗用車であるT型フォードを販売し、ゼネラル・エレクトリック社（ＧＥ）の冷蔵庫・洗濯機・ラジオが一般家庭に普及したのもこの時代です。**日本では１９６０年代に始まった大量生産・大量消費社会が、１９２０年代のアメリカではすでに実現していた**のです。

賃金も上昇し、庶民は家電やクルマを買い求め、**株式や債券、土地に投資する**ようになりました。毎日の株価が主婦の話題になり、マスコミがこれを煽りました。

しかしプロの投資家たち――銀行や証券会社にはわかっていたのです。株価が永遠に上昇し続けることはないということを……。

不況なのに、株価だけが上がっていく

１９２０年代後半にはヨーロッパ経済が復興し、アメリカからの輸出はピークを超えていました。これに伴って企業は売れ残った商品の在庫を抱え、収益もマイナスに転じ、経済成長率は息切れしつつありました。つまり実体経済の不況はすでに始まっていたのに、何も知らない庶民が株式に手を出していたため、株価だけが異常な上昇を続けていたので

す。まさにバブルです。

「ウォール街の靴磨きの少年が株の話をしているのを聞いて、これはヤバいと思った」と語ったのは投資家のジョゼフ・ケネディです。彼は暴落直前に株を売り逃げ、巨大な利益を得ました。

彼はこの資金をある政治家に投資します。1932年の大統領選挙で当選したF・ローズヴェルトです。ジョゼフは功労者として政界入りし、駐英大使に抜擢されました。大統領になるというジョゼフの夢は、次男のジョン・F・ケネディに引き継がれます。

1929年1月、株価高騰を背景にフーヴァー大統領が施政方針演説中で、「アメリカは貧困を克服した」と自画自賛しましたが、破綻はもうすぐそこだったのです。

10年分の国家予算が1週間で消えた

ニューヨーク、ウォール街の株式市場では、同年9月をピークとして株価は徐々に下がり始め、10月24日の**「暗黒の木曜日」**に大暴落が始まります。株価は7分の1に下落、暴落から**1週間で株式市場は300億ドルの損失**を出しました。これは当時の**アメリカ連邦政府の10年分の国家予算**に匹敵します。

破産者が続出し、現金を引き下ろそうと人々が銀行に殺到したため、銀行も資金が枯渇して営業停止に追い込まれます。**銀行から資金を調達できなくなった企業の連鎖倒産**も始まり、倒産しなかった企業も大規模な人員解雇を始めます。４人に１人が失業するという異常事態の中、１９３２年の大統領選挙では現職のフーヴァー大統領（共和党）が大敗し、ニューヨーク州知事だったＦ・ローズヴェルト（民主党）が大統領に当選します。

第一次世界大戦の敗戦国ドイツは、アメリカからの投資で経済復興を進め、賠償金支払いを行っていました。しかし世界恐慌が始まると、アメリカの金融資本は海外に投資していた資金を一斉に引きあげてしまいます。**ドイツは点滴を外された患者のようなものでした。たちまち多くの企業が倒産し、失業者は50％**に迫ります。それまで、賠償金の支払いと協調外交を進めてきた社会民主党政権は、国民の支持を失いました。

そんな中、賠償金支払いを拒否し、植民地再分割を要求する政治家が、救世主のごとく登場し、ドイツ国民を熱狂させます。**アドルフ・ヒトラー**です。

KEY PERSON

ジョゼフ・ケネディ

アメリカの実業家。ジョン・Ｆ・ケネディ大統領の父。世界恐慌直前のバブル期に株式を売り逃げして巨利を得た。Ｆ・ローズヴェルト大統領に資金提供して政界入りした。

なぜ日本は「ナンバーワン」から転落したのか？

NO. 31

UNDERSTANDING ECONOMICS: A HISTORICAL APPROACH

20年続くデフレ不況の始まり

『ジャパン・アズ・ナンバーワン』（１９７９年）という本があります。これを書いたアメリカの社会学者エズラ・ヴォーゲルは、「日本人の勤勉と学習意欲」「労働生産性と品質管理の高さ」「終身雇用」などの日本的経営、そして通産省（＝経済産業省）の業界指導により、日本が奇跡の経済成長を達成したことを称賛しました。

日本には、こんな時代もあったのです。「ナンバーワン」だった日本から、**バブル経済**、そして**デフレ不況**までの流れを見ていきましょう。

日本は、石油危機（１９７３年）からまっさきに立ち直り、**西ドイツとともに世界経済のけん引役**になっていました。１人当たり国内総生産（ＧＤＰ）では１９８７年に日本が米国を抜いて世界一を達成します。ソニーを世界的なブランドに押し上げた大ヒット商品

「ウォークマン」の開発が１９７９年。日本の経済成長は文字通り日の出の勢いで、ちょうど２０００年代の中国経済のようでした。

日本からの輸出攻勢の脅威にさらされたアメリカのレーガン政権は、先進各国の協調介入で円高ドル安に誘導するプラザ合意（Ｐ65）をまとめて日本の輸出産業に打撃を与えるとともに、**「対米輸出を減らして内需を拡大しろ！」と日本政府に圧力**をかけます。これを受けて日本の中曽根康弘内閣は、日銀に金融緩和を命じました。

当時は、日銀が市中銀行に貸し出すときの金利（公定歩合）を上げ下げすると、市中銀行の金利もこれに連動したのです。不況のときは**金融緩和（金利の引き下げ）**、逆に景気が過熱すれば**金融の引き締め（金利の引き上げ）**を行い、日銀が直接、景気をコントロールしたのです。

莫大なお金が土地と株式に流れた

金利が下がれば、銀行から借金をして住宅ローンを組んだり、事業を拡大したりするのが簡単になります。また、銀行に預金しても利息がつかないので損です。どんどん借金をして、消費したほうが得になります。みんなが銀行預金を引き出し、またローンを組んで消費や事業拡大にまわせば、景気は良くなります。こうすれば内需が拡大し、対米輸出は減るだろう、という計算です。

日銀の公定歩合引き下げ（１９８６年）をきっかけに、企業は円高不況から脱し、再び設備投資を始めました。

ところが、**銀行から引き下ろされた莫大な資金が、土地と株式に流れ込んだ**ため、不動産バブルと株式バブルが始まったのです。ちょうど戦後生まれの「団塊の世代」が住宅を購入する40歳代を迎えたこともあり、大規模なマンション開発が始まり、東京では地価が８倍に高騰します。ただ土地を持っているだけで、資産が８倍になったのです。

バブルに踊らされた日本

銀行も、**値上がりを前提として土地を担保に貸し出し**を行い、駅前の再開発が急ピッチで進みました。地域住民に対して、恐喝まがいの方法で立ち退かせ、高値で不動産業者に転売する「地上げ屋」が出現したのもこの時代です。大手不動産会社の三菱地所はニューヨークのロックフェラーセンタービルを買収して、アメリカ人を驚愕させました。

大衆レベルでは、海外旅行やスキー、ディスコが大流行し、高級ブランド商品やクルマが飛ぶように売れました。人手不足が起こり、就職は完全に「売り手」市場となり、企業は大学生の確保に走りました。大卒者の有効求人倍率は2・8倍（1991年）に達します。大学生1人に対して、約3件の求人があったわけです。現在の日本では考えられない数字です。

金融緩和前に**1万3000円台だった日経平均株価が、1989年には3万8000円台に上昇**しました。これを見た日銀の三重野《みえの》総裁は、**金融引き締め**に転じます。

1989年末、日経平均株価は3万8915円（「産婆、食い殺す」）をピークに急落し、翌年には2万円を割りました。

このあと起こったことは、これまでのバブルで見てきたことと同じです。高値で売り逃げた機関投資家を除き、バブルに踊らされた多くの人々が資産を失いました。1992年以降、経済成長率も0％台からマイナスに低迷、**20年続くデフレ不況**が始まったのです。

KEY PERSON

三重野康《やすし》

日銀総裁。プラザ合意を受け、澄田智《すみたさとし》前総裁が進めた金融緩和策がバブル経済を引き起こした反動から、急激な金融引き締めに転じて、バブルを崩壊させる。

NO.
32
UNDERSTANDING ECONOMICS: A HISTORICAL APPROACH

世界史上最大の倒産劇と60兆円の負債

サブプライム問題からリーマン・ショックまで

アメリカ人は貯金をしません。貯金するカネがあれば、株式や債券に投資をします。なぜなら、銀行利息の何倍もの利益を得られるからです。実際には、投資のプロである証券会社がこれらの取引を行い、利用者は証券会社に手数料を支払います。

住宅は人生最大の買い物です。年収の何十倍という価格の住宅を買うのに、現金でポンと払える庶民はいません。だから銀行から借金をして住宅を買い、何十年もかけて銀行に借金と利子を支払っていく。この利子が銀行の利益になります。これが住宅ローンです。

各銀行は競って住宅ローンを貸し出そうとします。たとえば、最初の5年間は利息を低く据え置き、6年目から利息が上がる、という仕組みで客を集めます。もちろん、客が返済できるかどうか、厳しく審査します。勤務先や年収を証明する書類を提出させるのです。

「5年後には給料も上がっているだろうから、利息が上がっても大丈夫」というのは日本人の発想です。**アメリカ人は、「利息が上がる前にこの家を売って、また借金して新しい家を買おう」という発想**をします。

サブプライムローンと日本バブルの共通点

こういう危なっかしい「自転車操業」が可能だったのは、住宅価格が上がり続けていたからです。この構図は、1980年代後半、バブル期の日本と同じです。

3000万円の家を買って、利息を含めた住宅ローンが4000万円とします。5年かけて1000万円支払えば、5年後のローン残高は3000万円。そのときの住宅価格が3500万円だとすると、家を売ってローン残高を全部返済しても、プラス500万円の儲けになります。

アメリカの銀行はこのことを宣伝し、きちんと返済できる人々（プライム＝優秀な）向けの住宅ローンに加え、**返済能力に問題がある低所得（サブプライム）層にまで住宅ローンを貸しつけました。**これがサブプライムローンです。

銀行は、これらの危なっかしい債権を証券会社に売却してしまいます（債権の証券化）。

この結果、証券会社がサブプライムの「貸し手」となりました。**証券会社は、踏み倒されるリスクを覚悟の上で、利息の高い（収益の高い）サブプライムローンに群がった**のです。

ババ抜きのババをつかまされたのは？

その結果、住宅バブルが崩壊しました。住宅を作りすぎて売れなくなったからです。これは、モノを無制限に作ってしまう市場経済では必ず起こることですが、いつ起こるかわからない。そのとき債権を持っている人が「ババ抜きのババをつかまされる」わけです。

住宅バブル崩壊の結果、サブプライム層は、売ろうと思っていた住宅が売れず、破産してしまう人が激増しました。住宅購入者が破産してしまうと、貸し手である証券会社は破産者の住宅を差し押さえます。しかし、３５００万円で売れるはずの住宅が１５００万円でしか売れなければ、差額の２０００万円は証券会社の損失となります。こういう**「戻ってこない債権」を、不良債権といいます。**この結果、アメリカの5大証券会社のうち、３社が倒産または買収されました。

1位　ゴールドマン・サックス
2位　モルガン・スタンレー

3位 メリル・リンチ ↓ バンク・オブ・アメリカが買収
4位 リーマン・ブラザーズ ↓ 倒産（2008年）
5位 ベアー・スターンズ ↓ JPモルガン・チェイス銀行が買収

60兆円の負債。そして世界金融危機へ

4位のリーマン・ブラザーズの倒産は世界に衝撃を与えました。いわゆるリーマン・ショックです。同社が抱えていた負債は、約6000億ドル（60兆円以上）。日本の国家予算（約90兆円）と比べると、額の大きさがわかります。

当然、**「1つの会社が潰れた」だけでは済まされません。**影響を受けた中小の金融機関の破綻は数知れず。ドルも株価も全面安に突入し、信用不安は国境を越えて世界中に広がります。**世界金融危機**の始まりです。

KEY PERSON

ヘンリー・ポールソン

ゴールドマン・サックス会長。G・W・ブッシュ政権の財務長官として政権に入る。リーマン・ブラザーズ社破綻に際し、公的資金の投入を拒否し世界金融危機を拡大させた。

第5章

財政

国家とお金

- THEME -

FINANCES

UNDERSTANDING ECONOMICS:
A HISTORICAL APPROACH

NO. 33

UNDERSTANDING ECONOMICS: A HISTORICAL APPROACH

公共事業の功罪——帝国滅亡の「法則」

いつの時代も、政治家のやることは同じ

この章では、**財政、つまり「国家とお金」**にスポットを当てていきます。

財政とは、政府の収入と支出のことです。収入（主に税収）と支出（公共事業や軍事）にアンバランスが出ることを財政赤字（財政不均衡）といいます。

現在の日本は、財政赤字の累積が約１０００兆円にまで膨れ上がっています。消費税増税の議論の根底にあるのもこの問題です。

ピラミッドを作った本当の意味

古代エジプトでは、国土全体が国王の所有地で、人民が税として納めた膨大な量の穀物は国庫に納められました。税収は豊かだったわけです。

一方、エジプト王国の最大の支出は、公共事業費でした。毎年7月から10月にかけてナイル川の氾濫が起き、泥沼化した国土の復旧作業に大量の人民が動員されましたが、このとき給与として穀物が支給されたのです。

ナイル河畔に立ち並ぶ**ピラミッドや神殿建設**にも大量の人民が動員されます。これは王権の強大さを誇ると同時に、もう1つ大きな役割がありました。氾濫の期間、農作業ができない**人民に仕事を与える失業対策、治安対策としての公共事業**でもあったことが、発掘調査により明らかになってきました。

これは、ケインズ主義（Ｐ55）の起源ともいえます。その莫大な財政支出を支えたのは、ナイルの恵み——農業収入でした。

現代日本と古代ローマの共通点

古代ローマの遺跡、アッピア街道やコロッセウム（闘技場）、公衆浴場は大規模な公共事業の産物です。また、パンの無償配給と剣闘士の試合の無償提供も、ローマの政治家の重要な仕事でした。

選挙制度があったローマでは、立候補者は「この道路を改修します」、「公衆浴場を新設します」と**公共事業を公約して当選したのは、現代の日本とまったく同じ**です。漫画『テルマエ・ロマエ』の世界です。

政界入りを望む若者は、30歳で就任できる財務官からキャリアをスタートさせ、国土交通大臣にあたる按察官《あんさつ》を目指します。道路の補修、上下水道の管理、剣闘士の試合などを担当する官職で、市民に名前を売るには最適でした。

政財界の癒着、派手な公共事業。増税……

英雄**カエサル**も按察官として派手な公共事業を行い、市民からの人気を不動のものとしました。票の買収も公然と行われ、カエサルは大富豪クラッススからの借金でこれをまかないました。まさに「政財界の癒着」ですね。

ローマ帝国は、広大な領土を維持するための莫大な**軍事費と公共事業費で国庫を浪費**し、五賢帝時代（2世紀）には国家財政の半分が軍事支出に消えていました。財政再建のためさまざまな名目で増税が行われた結果、商工業が衰退し、3世紀には軍隊の維持も困難になります。やがてはゲルマン人の侵入を許してしまうことになるのです。

民間の経済活動を、政府が奪った

中国の歴代王朝もローマと同じ運命をたどります。

漢の武帝は、対外遠征のやり過ぎで国家財政を火の車にしてしまいます。財務官として財政再建を命じられたのは、商人出身の桑弘羊《そうこうよう》でした。抜群の暗算能力を買われて抜擢されたのです。彼は全国で物価調査を行い、**物価の安い地域では物資を徴発し、物価の高い地域に運んで高値で転売する均輸法**を実施します。また**専売制**を実施し、塩・酒・鉄の3品目の販売を国営化し、物品税を課しました。

均輸法と専売制は、いってしまえば**民間の経済活動を政府が奪う民業圧迫**であり、形を変えた増税です。財政再建が民間経済を圧迫するという問題は、消費税増税の是非を巡る今日の議論とまったく同じです。

中国の王朝交代の「法則」

民主政治が生まれなかった中国では、**許認可権を握る官僚が、民間業者の生殺与奪を握ります。**そのため、業者は官僚にわいろを贈り、公共事業が利権化して政治は腐敗していきました。わいろを贈れない庶民は、張角という宗教指導者のもとに集まり**黄巾の乱**を起こします。漢王朝はこれで崩壊しました。

唐王朝は、国有地（均田）を人民に貸し与えて租庸調（税）をとり立て、大帝国を築きます。しかし重税を嫌う農民の逃亡によってこれが破綻すると、今度は塩を専売制にしてむちゃくちゃな塩税をかけたため、塩の密売人が暗躍し、密売人の指導者・**黄巣《こうそう》が大反乱**を起こして無政府状態に陥りました。日本が遣唐使を廃止する20年前のことです。

「官僚機構の肥大化と軍事費の拡大→増税と民業圧迫→景気後退と貧困層の増大→農民暴動と軍の離反→王朝崩壊」というパターンは、このあと明朝、清朝でも繰り返されます。こうした伝統を受け継いでいるためか、現代中国でも、官僚の汚職が深刻化しています。

KEY PERSON

クラッスス

古代ローマの政治家。政敵の資産を次々に没収してローマ最大の財閥となる。カエサルと結び、政敵ポンペイウスと妥協して第1回三頭政治を行う。イランに遠征して戦死。

公共事業と古代国家

徴税と公共事業は本来、富の再分配が目的

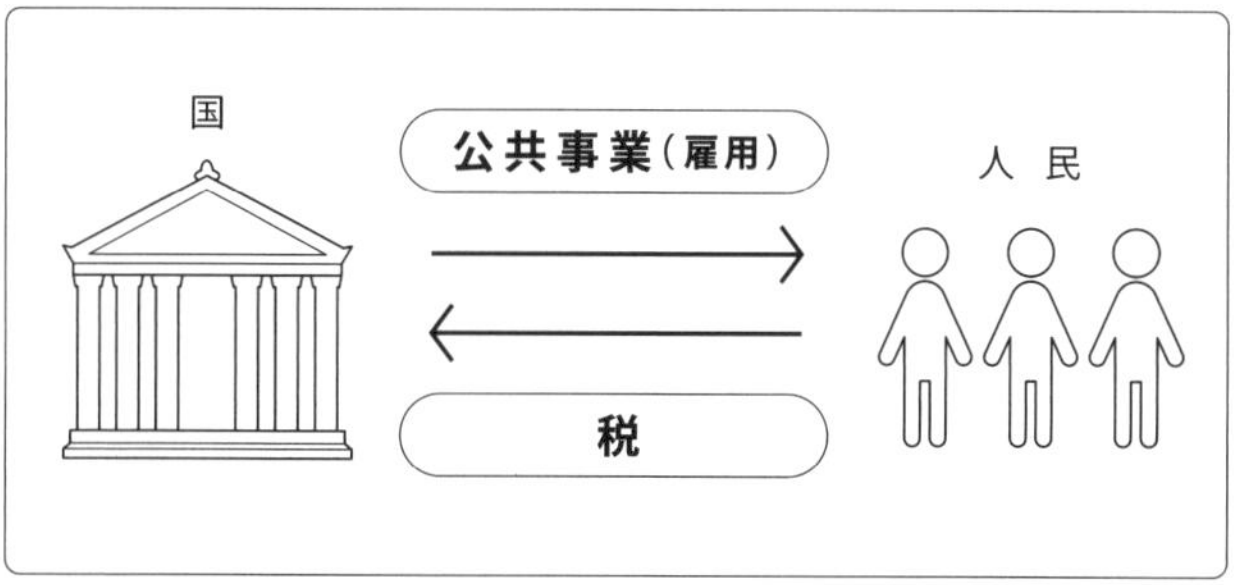

古代ローマ帝国、歴代中華帝国では…

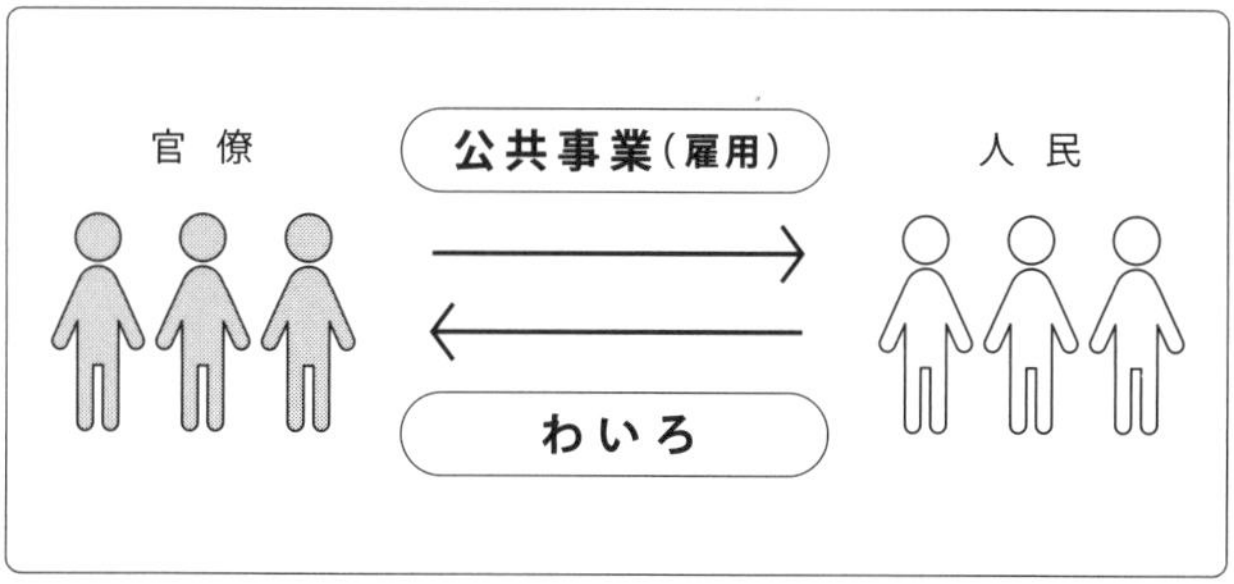

POINT

政治家、官僚が人気とりや私腹を肥やすための
公共事業を行い、国力を衰退させた

桓武天皇から秀吉まで。財政から見た日本史

NO. 34

UNDERSTANDING ECONOMICS: A HISTORICAL APPROACH

幕府の興亡も財政問題だった

日本の歴史も、徴税権（税金をとり立てる権利）に注目すると、新しい見方ができます。古代からざっと見ていきましょう。

奈良時代、日本では唐の制度を模倣した**大宝律令**《たいほうりつりょう》により、財務を担当する大蔵省が設置されます。**公地公民（土地国有）を原則**として、租庸調と呼ばれる現物税の徴収を行いました。しかし、中国で生まれた制度を、木に竹を接ぐように日本に移植して、うまくいくはずがありません。

奈良時代にはすでに公地公民制が立ち枯れし、**貴族の荘園（私有地）が拡大**していきました。**桓武**《かんむ》**天皇**は、平安京（京都）の建設と東北地方への遠征で国庫を使い果たし、官僚や軍隊の維持も困難になりました。**それでも日本国が存続できたのは、島国だったから**で

す。大陸と地続きだったら、唐の滅亡と前後して異民族が侵入し、日本国も滅んでいたでしょう。

徴税権を手にした者が、天下をとる

そんな平安後期の無政府状態の中で、**地方の有力農民が武装して武士団を形成し、勝手に徴税を行う**ようになりました。武士団同士の抗争の結果、源氏と平氏を頂点とする主従関係のネットワーク（**封建制度**）が生まれ、源平合戦を経て**源頼朝**が鎌倉幕府を開きます。頼朝に忠誠を誓い、軍役を務める武士（**御家人《ごけにん》**）は、幕府から給与ではなく領地を与えられ、そこからの穀物などを徴収して生活しました。御恩（領地）と奉公（軍役）です。

京都の朝廷は存続しますが、頼朝が地頭《じとう》という徴税官を任命して、荘園からも容赦なく税をとり立てたため、貴族は没落してしまいます。**徴税権は権力そのもの**です。

ところが、モンゴルの侵攻（元寇）により状況が一変します。九州の御家人が北九州に動員され、台風の襲来もあってモンゴル軍を撃退しましたが、鎌倉幕府の領地は増えていませんん。命がけで戦った御家人たちに十分な「御恩」を与えられない幕府の求心力は急速に低下します。朝廷政治の復活を目指す後醍醐《ごだいご》天皇が討幕を呼びかけ、ついに鎌倉幕府は崩壊、京都に室町幕府が成立します。

室町時代には中国から輸入された銅銭が流通し、商工業が急速に発達します。室町幕府は商工業者から課税し、また**明との朝貢貿易**が莫大な収益をもたらしました。

金閣を建てたウルトラ親中派

明朝は国威発揚と海賊（倭寇）と取り締まりのため、朝貢以外の貿易を禁じます（P91）。朝貢してきた国に対しては、明の皇帝の臣下として扱い、王の称号・官職を授与したほか、**朝貢させた品物の数倍に匹敵する金額のお返し（下賜品）**を与えました。

「貿易で金儲けしたかったら、とりあえず頭を下げろ」ということです。

足利義満は明に朝貢して明の皇帝から「日本国王」に任命され、日本から銀や銅、日本刀などを朝貢品として輸出し、明からは高級絹織物や陶磁器が下賜品として与えられました。足利家に流れ込んだ莫大な富の一部は、金閣の建設に使われました。

博多や堺の大商人も明との貿易で巨利を得るため、幕府の朝貢貿易をあと押ししました。現代日本の財界人が「日中友好」を唱えるのと同じです。

足利家の内紛から応仁の乱が起こると、幕府が地方長官として任命した**守護大名が徴税**

権を握って自立し、また下剋上によって**戦国大名**も出現します。軍事費を捻出するため各地の大名は商工業を保護し、**石見銀山**など鉱山開発を進めます。

世界は大航海時代に突入し、スペイン・ポルトガル商人が香辛料や銀を求めて出航します。スペイン人はアメリカ大陸を「発見」し、アステカ文明・インカ文明を滅ぼしたあと、先住民を奴隷化しました。「太陽が沈まぬ国」と呼ばれたスペインの黄金時代を支えていたのが、ポトシ銀山に代表されるアメリカ大陸の銀でした。そして**世界第2位の銀の産出国が、日本**だったのです。

石器の弓矢で戦ったアステカ人とは違い、日本人はポルトガル人から入手した鉄砲を量産し、**織田信長**が鉄砲隊を配備していたので、スペイン・ポルトガルも手出しができません。**豊臣秀吉**の日本統一と朝鮮出兵、豪壮な安土桃山文化を経済的に支えたのは、日本銀の産出と輸出でした。江戸幕府を建てた徳川家は**銀の輸出を一手に握る**ため、諸大名に外国との交易を禁止し、**幕府直轄領の長崎だけに貿易を制限**します。これが**「鎖国」**です。

KEY PERSON

足利義満

室町幕府3代将軍。南北朝の内乱に勝利。明に朝貢して「日本国王」の称号を授与され、明との勘合貿易で莫大な利益を得た。京都室町に花の御所、北山に金閣を建設した。

経済学の誕生
——財政から見たヨーロッパ史

NO. 35

UNDERSTANDING ECONOMICS: A HISTORICAL APPROACH

議会政治も経済学も財政問題から生まれた

ローマ帝国崩壊後の西ヨーロッパも、平安時代以降の日本と似たような状況でした。無政府状態が長く続く中で、王の力は有名無実化し、**貴族は荘園領主として税をとり立て、王から免税特権を認められていました。**

イギリスはちょっと別で、フランス貴族だったノルマンディー公ウィリアムが、イギリス貴族を征服してイギリス王位に就いたため、強力な王権を握りました。征服王ウィリアムはイギリス貴族の土地を没収して検地を行い、自分に忠誠を誓う者には軍役を負わせ、恩賞として封土《ほうど》を与えました。「御恩と奉公」のイギリス版です。

ジョン王は、フランスとの戦争のため貴族に臨時の課税をしました。フランスに勝って領土を広げ、その土地を恩賞として貴族に分配すれば不満はないはずでした。ところがジョン王はフランスに負けました。恩賞はなく、貴族の不満だけが残ります。貴族とロンドン市民は結束して公然とジョン王に反抗し、**マグナ・カルタ（大憲章）**を認めさせました。「王といえども慣習法に従うべきで、新たな課税については貴族会議の承認が必要である」という内容で、**イギリス憲法の起源**とされます。

貴族会議にはのちに市民代表も参加して、最初の議会が誕生します。**課税権をめぐる王と貴族の対立の中から、議会政治が生まれた**のです。

十字軍の時代、西ヨーロッパ全体に貨幣経済が浸透し、商業都市が成立します。農民が納める年貢も現物から貨幣に変わっていきました。貨幣の流通量が増えれば物価は上がり、貨幣価値は下がります。領主がとり立てる貨幣地代は徐々に目減りしていきます。

植民地支配の失敗が、経済学の起源

大航海時代には、スペイン人の手によってアメリカ産の大量の銀がヨーロッパへ流入し、銀貨の価値が暴落しました。領主の没落が一気に進む一方で、**国王は商工業者に貿易独占権を与え、見返りに彼らから徴税します（重商主義）**。そして、その収入で維持される常備軍と官僚制度が国王権力を支えるようになります。絶対主義の成立です。

当時、世界貿易の覇権を握っていたのはスペインですが、その栄光は100年も続きません。スペインは植民地から銀を得ることで軍事支出をまかなっていましたが、アメリカ大陸の銀が枯渇してしまい、没落していきます。

これを反面教師としたイギリスやフランスでは、**毛織物産業など国内産業を育成し、輸出による国富の増大**を目指します。国家財政のバランスシートが重視されるようになったのはこのころからです。人口、耕地面積、生産量（GDP）、税収、貿易収支、軍事費などを数量化し、政策を決定するようになったのです。

経済学は独立した学問分野となり、財務大臣が国家の要職となります。フランスの黄金時代を築いたルイ14世を支えたのが、**財務総監コルベール**です。

前任の財務長官フーケは、検事総長を兼ねて私腹を肥やしていました。疑惑を持ったルイ14世は、財務官コルベールに命じてフーケの汚職の証拠を集めさせます。フーケは邸宅で豪華な宴会を催し、国王を接待しますが、邸宅の豪華さに驚いた王は逆に疑惑を強めます。フーケはこの直後に逮捕され、財産は没収されました。

コルベールはこの事件で財務総監（財務大臣＋経済産業大臣）に抜擢されます。毛織物商人出身の彼は毎朝5時起きして仕事に没頭し、その冷徹さから「大理石の人」と呼ばれました。北米にルイジアナ植民地を建設して輸出産業を育成し、勤労を美徳とする新教

経済学の起源とは

大航海時代（15～17世紀）

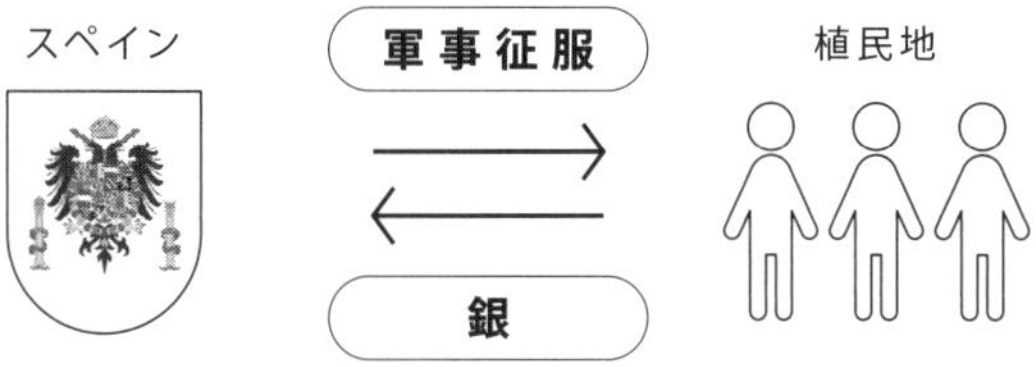

しかし、銀の枯渇により、スペイン経済は
バランスを失い、没落していく

この惨状を見たイギリス、フランスは、
「産業の育成と輸出による国富増大」を考えるようになる

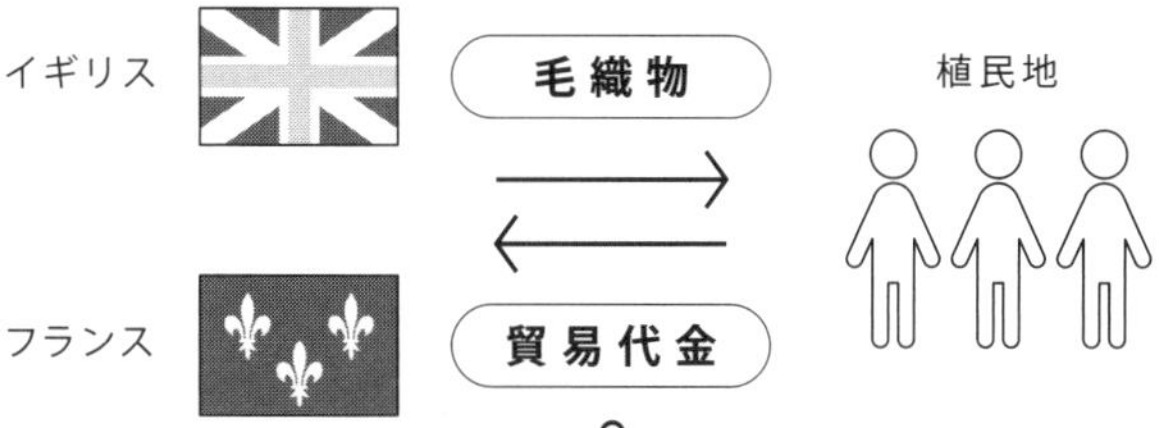

POINT

「経済学」という学問が生まれた瞬間

徒の金融・商工業者を保護します。

しかし、ルイ14世が引き起こす絶え間ない戦争、フーケの邸宅を模したヴェルサイユ宮殿での浪費が財政を圧迫します。また王権神授説を信奉する王が、これを認めない新教徒を弾圧したため、新教徒はイギリスやオランダへ逃亡。その多くが商工業者だったため、**フランスから資金が流出し、長期の不況**に突入します。

ルイ16世の時代には財政赤字が深刻化し、財務長官ネッケルが貴族への課税を画策します。この問題を協議する三部会の開催が、**フランス革命の導火線**になるのです。

KEY PERSON

コルベール

フランスの財務総監。毛織物商の出身でルイ14世に仕え、ルイジアナ植民地建設、東インド会社再建、官営工場設立など重商主義を採用、ブルボン朝の全盛期を支えた。

NO.36

UNDERSTANDING ECONOMICS: A HISTORICAL APPROACH

「課税するなら独立だ！」。アメリカ独立のきっかけとは？

イギリス革命もアメリカ独立も財政問題から

超大国アメリカの歴史は約240年しかありません。それ以前は、イギリスの植民地だったのです。アメリカの独立には、イギリスの財政問題がかかわってきます。

イギリスでは中世（13世紀）以来、議会制度が確立していました。貴族が没落したあと、ジェントリ（地主）が王の地方官として徴税を請け負い、議会に代表を送ります。

ジェントリとは、下級貴族が土着したもので、農民でありながら名字・帯刀を許された村長のようなものです。牧羊業者や毛織物業者も兼ねていました。**王が徴税をスムーズに行うには、ジェントリの協力が不可欠**だったのです。

スペイン無敵艦隊を撃破し、各国の王たちの求婚を退けて、「私はイギリス国家と結婚しました」とまで言って独身を守ったエリザベス女王の死により、テューダー朝は断絶し、親戚にあたるスコットランド王家のステュアート家がイギリス王位を継承しました。スコットランドは、今ではイギリスの一部ですが、当時は完全な独立国家で、民族も言語も違います。

「昨日の敵は、今日の友」

ステュアート朝の王たちは、マグナ・カルタ（P179）以来のイギリスの伝統を無視し、フランス式の王権神授説を持ちこみました。チャールズ1世の**議会無視と新たな課税に対し、ジェントリたちは猛烈に抵抗**し、新教徒（ピューリタン）のクロムウェルの指導により**ピューリタン革命**を起こし、国王を処刑します（1649年）。

しかし、革命政権はすぐに分裂します。商工業者の利権のための政治を行おうとする議会と、神の意志を地上に実現しようとする狂信的なクロムウェルとの路線対立です。

クロムウェルが強要するピューリタン的禁欲主義――酒もたばこも歌もダンスも禁止――に人民はうんざりしていました。クロムウェル死後、議会はフランスに逃げていたステュアート家の王子たちを呼び戻して王政復古を宣言しました。

ところが、フランス帰りの王子たちは、亡命中にルイ14世と密約を結んでおり、フランスのカトリックと王権神授説をイギリスに持ち込んで、議会を弾圧しようと企んでいました。彼らは、父親のチャールズ１世を革命で処刑されたので、その復讐というわけです。

危険を感じた議会は、ジェームズ２世の廃位と、彼の娘婿でオランダ総督のウィリアム３世をイギリス王に招くことを決議。孤立無援のジェームズ２世はフランスに亡命します。これを**名誉革命**（１６８８年）といいます。

フランスのルイ14世はジェームズ２世のイギリス王復帰を望み、財務総監コルベールの植民地拡大政策は、イギリス領13植民地（後のアメリカ）に脅威を与えていました。この結果、フランスとの全面戦争が始まります。

フランスとの戦争には勝ったが……

人口や軍事力ではフランスが圧倒的でした。しかし大陸国家のフランスは、周辺諸国との領土紛争を常に抱えており、植民地に大軍を送れません。イギリスはこの弱点を突きます。フランスが欧州大陸で戦争を起こすたびに、イギリス軍がフランス植民地を攻撃したのです。

結果は圧倒的でした。４回戦ってイギリスが２勝２引き分け。最後のフレンチ・インディアン戦争で敗れたフランス軍は北米から撤退し、カナダとルイジアナをイギリスに割譲します。**戦勝国イギリスも膨大な財政赤字を抱え込み、増税やむなし**、となります。

民主国家イギリスでは、課税問題も議会で審議します。議員たちは、増税に賛成すれば、次の選挙で落選する恐れがあります。そこで彼らはこう言い出しました。

「今回の戦争で13植民地をフランス軍から守ったのだ。よって戦費は、植民地が負担せよ」

すべての出版物に課税し、印紙を貼らせるという**印紙法**に猛反発した13植民地の住民は、**「我々の代表でないイギリス議会が、我々から課税することは認めない、代表なくして課税なし！」**と、課税反対運動を起こします。これを機にアメリカ独立戦争が始まり、アメリカ合衆国が独立するのです。

KEY PERSON

パトリック・ヘンリー

アメリカの政治家。イギリス本国が13植民地に課した印紙法などの課税に抗議し、議会で対英独立戦争を訴える「自由を与えよ、しからずんば死を！」の名演説を行った。

イギリス革命とアメリカの独立

17世紀イギリス

ピューリタン革命　名誉革命

この2つの革命により、議会政治が確立していく

↓

ところがその結果、フランスとの対立を招いてしまう

イギリスは勝利する。しかし、多額の財政赤字を抱え、
そのツケを13植民地（アメリカ）に負わせようとするが、

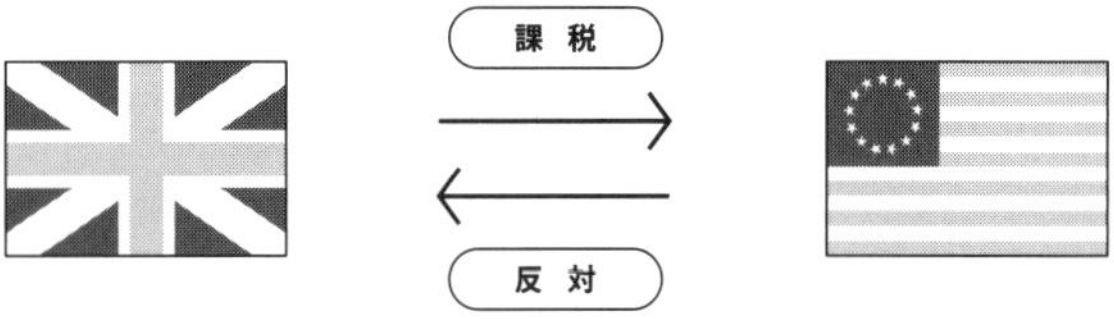

POINT

課税反対運動が独立戦争につながる

「緊縮財政大好き」は、江戸時代から変わっていない

NO. 37

UNDERSTANDING ECONOMICS: A HISTORICAL APPROACH

「〇〇の改革」はとんでもないデフレ対策

東京の皇居・東御苑《ぎょえん》の一角に、江戸城の本丸跡があり、公園になっています。北側には天守閣の石積みも残っています。ここにそびえていた五層の天守閣は、振袖《ふりそで》火事とも呼ばれる大火災（１６５７年）により、城下の市街地とともに焼け落ちました。市街は復興しましたが、天守閣は二度と再建されませんでした。**江戸幕府は財政難に陥っていた**からです。何が原因だったのでしょうか。

江戸幕府の財政は、初代家康から3代家光まで黒字でした。江戸城と城下町の建設、豊臣家との戦い、家康を祭る日光東照宮の建設に莫大な資金を投じてもお釣りがくるほどです。収入の半分は直轄領からの年貢収入ですが、長崎貿易で輸入される中国産絹織物などを転売した利益や、鉱山で産出される金・銀を幕府が独占していたからです。

しかし、金・銀が枯渇すると長崎貿易も先細ります。日本からの主な輸出品が銀だったからです。

５代将軍・徳川綱吉の財務大臣（勘定奉行《かんじょうぶぎょう》）に就任した**荻原重秀**（Ｐ25）が、財政再建に着手しました。

1 直轄地の検地をやり直して、米の税収をアップさせる

2 金銀貨幣の改鋳を行い、金・銀の純度を下げて再発行する

「金銀の採掘量が減っているのであれば、金銀の純度を下げた貨幣を発行すればよい」と荻原は考えました。それまでの慶長小判２枚分の金を溶かして元禄小判３枚を発行したのです。この差益で幕府が得た臨時収入は５００万両に達し、財政は魔法のように回復しました。今の言葉でいえば、金融緩和です。

しかし、**大量の元禄小判が市中に出まわったため、通貨価値が下がるインフレが発生**します。貯金をしていると目減りしてしまうので、大商人たちは預金を取り崩して積極的な投資を行いました。この結果、**「元禄バブル」**といわれるような好景気になり、華やかな元禄文化が生まれました。

その一方で、インフレは幕府の支出も増大させます。元禄大地震や、富士宝永山の噴火の復旧という臨時の出費もあり、再び幕府財政は悪化します。荻原は２匹目のドジョウを

狙って再び貨幣の改鋳を行いますが、**インフレを加速させて逆効果**になりました。

綱吉は、男子出生を祈願して「生類憐《しょうるいあわれ》みの令」を出し、野犬を保護したりしましたが効果はなく、甲府徳川家から甥の家宣《いえのぶ》を養子として迎えます。このとき、家宣の側近として江戸城入りしたのが新井白石です。白石は荻原の財政政策を糾弾し、失脚させてしまいます。

実体経済を考えない官僚たち

白石は荻原の貨幣改鋳を否定し、金銀の純度をもとに戻しました。この結果、貨幣量が激減して元禄バブルははじけ、デフレに突入します。物価が下落し、米価も下がります。米は幕府の最大の収入です。この「白石デフレ」により、財政再建はさらに困難なものになりました。

白石は朱子学者です。**朱子学は儒学の一派で、極端な理想主義・建前主義です。「国家は農業を基盤とすべきで、商工業はいかがわしい」という思想**です。現実と理想が合わないときには、迷わず現実を無視して理想を押し通そうとします。

「貨幣の品質を落として差額で儲けるなんて詐欺だ。けしからん」と白石は糾弾しました。

「財政赤字なのに建設国債の発行なんてけしからん！　緊縮財政だ」と、現在日本で行われている論議と同じです。それによって実体経済がどういう影響を受けるかは、考えないわけです。

１００年後、荻原の政策を引き継ぐ政治家が出現します。**田沼意次**です。田沼はコルベールのように、**重商主義による財政再建**を考えました。重商主義とは、貿易などを通じて貴金属や貨幣を蓄積させ、国富を増大させる考え方です。

そのため、株仲間（商人組合）の結成を奨励し、蝦夷地（北海道）の開拓を進め、ロシアとの通商まで考えました。この**田沼をひっくり返したのが松平定信《さだのぶ》の「寛政の改革」**です。「何とかの改革」はみな、農業回帰の緊縮財政といっていいでしょう。

江戸幕府の高級官僚はみな朱子学を学びました。荻原重秀や田沼意次のように、現実から出発して政策を考える政治家は糾弾され、幕府財政は幕末まで好転しなかったのです。

KEY PERSON

田沼意次

江戸幕府の老中。荻原重秀の信用通貨制度を引き継ぎ、小判１枚＝一分銀４枚の固定レートを採用。株仲間の育成など重商主義政策を展開。松平定信に批判され、失脚。

借金まみれの地方自治体を復活させる方法

山田方谷の藩政改革に学ぶ

NO. 38

UNDERSTANDING ECONOMICS: A HISTORICAL APPROACH

江戸時代の藩の数は270を超えます。薩摩藩・加賀藩・仙台藩などの大藩は都道府県、小藩は市町村に相当します。しかし今と違って、藩の財政は完全に独立していました。

北海道夕張市の財政破綻（2006年）に象徴されるように、現在、ほとんどすべての地方自治体が財政赤字を抱えています。47都道府県の財政状況を、収入を支出で割った財政力指数で見てみると、自力でやっていけそうなのは東京都・愛知県・神奈川県くらいです。一方、東北・九州・沖縄の各県は、県の運営に必要な額の3割程度しか税収がありません。

それでも破綻しないのは、**国から地方交付税交付金を支給され、赤字を補填**しているからです。財政的に国におんぶにだっこの状態では、「地方主権」も何もあったものではありませんね。

江戸時代には地方交付税交付金なんてありません。各藩は自力で財政均衡をはかる必要がありました。

しかし、４００万石の直轄地を持つ江戸幕府自体が、元禄時代から慢性的な財政赤字なわけですから、数万石の地方の小藩に至っては推して知るべしでしょう。ところが、そんな借金まみれの、ある小藩が、奇跡的な復興を遂げます。

岡山県にあった**備中松山藩**《びっちゅうまつやま》は、５万石の小藩です。１石は１年間に人間１人が食べる米の量で、小判（金貨）１両に換算できます。５万石の藩なら５万人の人口を養うことができるはずですが、元禄時代の検地で実際の石高（２万石）よりも多く見積もられた上、歴代藩主は老中、寺社奉行などの要職を歴任して出費を重ねたため、藩の財政は「火の車」でした。

莫大な借金とどう向き合ったか？

幕末のペリー来航のころ、藩主の板倉勝静《かつきよ》が調べさせた結果、４万３０００両の収入に対して、支出が７万６０００両。不足分は大阪商人からの借入金で、累積債務は10万両という状態でした。財政赤字がＧＤＰ（2万両）の約5倍という状況です。このとき藩主の勝静から財政再建を命じられたのが、陽明学者の**山田方谷《ほうこく》**です。

方谷は、大阪商人を集めて藩の財政状況をはじめて公表し、債務繰り延べと50年払いを受け入れさせました。そして、藩の税収を増やすため、産業を育成します。

江戸時代、正貨（金貨・銀貨・銅銭）の発行権を幕府が独占しましたが、各藩は正貨と交換できる紙幣（藩札）を発行することができました。しかし、松山藩の藩札は、藩の財政悪化にともない額面価格では正貨と交換されなくなり、信用を失って貨幣価値の暴落を引き起こしていました。

復興のカギは「紙幣の信用」

方谷は、紙くずと化した**旧藩札12万両（約12億円）を額面価格で正貨と交換、回収します。それを河原で焼却し、新たな藩札を発行**したのです。これを見た領民は方谷を信用し、新藩札は他藩の商人も欲しがるほどの人気になりました。**紙幣の価値を決めるのは信用**であることを、方谷は見抜いていたのです。

次に新藩札を低利で領民に貸しつけ、茶・たばこ・そうめんなど特産品を作らせ、それを撫育局《ぶいく》（産業奨励局）が買い上げ、藩の専売品として売りさばいて収益としました。

方谷の藩政改革によって**10万両の債務が消え、10万両の剰余金**が生まれます。財政が好転すると、道路や橋を修築する公共事業を興し、失業者を減らしました。武士を山間部の開墾に動員する一方、農民を軍事訓練して兵農一致の松山藩軍を編制しています。

備中松山藩は廃藩置県で消滅しますが、**方谷の藩政改革は明治維新にも影響を与えます。**長州藩の高杉晋作が作った奇兵隊も、明治政府の殖産興業も、方谷の思想を受け継ぐものです。

山田方谷は陽明学者です。**陽明学は儒学の一派ですが、現実から出発して試行錯誤の中から解決策を見出していく**という点で、幕府官僚を毒していた朱子学とは正反対です。

方谷と並ぶ藩政改革の成功者としては米沢藩の上杉鷹山《ようざん》、長州藩の村田清風《せいふう》、薩摩藩の調所広郷《ずしょひろさと》らがいますが、いずれも朱子学の身分秩序にとらわれない重商主義的な試みをしていました。日本人は決して、ペリー来航まで眠っていたのではないのです。

KEY PERSON

山田方谷

江戸時代、備中松山藩の思想家。藩政改革のため財務官として登用され、藩札の切り替えでインフレを収束。産業育成と公共事業で藩の経済を活性化し、財政再建に成功した。

廃藩置県
——借金まみれだからうまくいった

NO.
39
UNDERSTANDING ECONOMICS: A HISTORICAL APPROACH

地方自治はどうあるべきなのか？

「錦御旗《にしきのみはた》」（天皇の紋章）を掲げた薩摩・長州軍の進軍で江戸幕府が崩壊したあとも、全国２７０の藩は残り、藩主が徴税権を握っていました。

しかし、欧米列強の侵略の圧力に対抗し、日本を近代国家に作り変えるためには、**藩を廃止し、政府が全国の徴税権を握り、藩士（藩の軍隊）を解散して国軍を組織**しなければなりませんでした。

１８７１年８月、東京に薩摩・長州軍１万人が集結して不測の事態に備える中、在京の藩主が皇居に集められ、藩の廃止と県の設置、中央からの県令（県知事）の派遣を通告されます。**廃藩置県**のクーデタです。これは江戸時代の制度を廃止したのみならず、**平安後期から続いた領主制度そのものを廃止してしまった**点で、革命的な事件でした。

諸外国ではこれだけの血が流された

フランスでは、あのフランス革命で多くの血を流し、ようやく領主制度が廃止されました。プロイセン王国のビスマルクは、約30カ国の小国に分かれていたドイツを統一するためにやはり多くの血を流しています。イタリアも似たようなものです。

アメリカは、独立国のような権限を持った州の連合体としてイギリスから独立したあと、中央集権化を目指す北部と、州の権限を守りたい南部との対立がついには南北戦争を引き起こします。その結果、30万人が犠牲になりました。

藩主のホンネは「肩の荷が下りた」

日本の廃藩置県は、これらに匹敵する大事件だったはずですが、無血クーデタという形で淡々と行われました。どうしてこんなことが可能だったのでしょう。

その秘密は、藩の財政問題にあるのです。

藩の多くは財政赤字を抱え、大商人に多額の債権を握られていました（P193）。廃藩置県に際し、**中央政府は藩の債務をすべて肩代わりする**ことを約束したのです。

つまり**「膨大な借金をチャラにしてやるから、藩の統治権を中央政府に引き渡せ」**と迫ったわけです。しかし藩主の多くは、廃藩置県に反発するより、「肩の荷が下りた」という感覚だったようです。

藩主たちは優雅な年金生活に入りましたが、問題は彼らの債務を引き受けた新政府です。債務総額は7000万円で、当時の政府の歳入に匹敵する金額でした。

このうち、半分にあたる天保年間以前の債務を踏み倒します（この結果、大阪商人の倒産が続出しました）。結果として、3500万円を新政府が返済することになりました。政策責任者は大蔵大輔《たいふ》（次官）に抜擢された**大隈重信**です。

大隈重信はなぜ失敗したのか？

「大隈財政」といわれる一連の政策は、新貨条例による新通貨「円」の発行、大蔵省造幣局の設置、地租改正による全国一律3％の地税徴収、国立銀行の認可などです（P28）。

しかし、旧藩の債務を抱えながらの殖産興業に、西南戦争の勃発による軍備支出が加わったため、紙幣の増刷に頼らざるを得ず、新通貨「円」の信用は失墜してインフレが発生します。

結局、収拾のつかないまま新政府内部で権力闘争が勃発し、大隈は大蔵卿を解任。松方正義が後任の大蔵卿になります。

松方正義は、大隈時代にばらまかれた紙幣を回収し、日本銀行を設立して新円（日本銀行券）を発行し、通貨の信用を回復しました（P29）。備中松山藩の山田方谷が、信用を失った藩札を回収して焼き捨て、新たな藩札を発行したのと同じです。

その際、新円の信用を保証するために、**国際通貨の銀との交換を日本政府が保証する銀本位制を採用**したことが、成功の決め手になりました。

その一方で、貨幣不足から物価の下落を招き、農産物価格の低迷が農民生活を圧迫、「薩長藩閥政治」を批判する**自由民権運動**を高揚させます。松方に政策を全面否定された大隈は野党指導者に転じ、板垣退助とともに「自由民権の旗手」として歴史に名を残したのは皮肉な話です。

KEY PERSON

大隈重信

明治初期の大蔵卿。廃藩置県で各藩から引き継いだ債務返済のため地租改正を断行し、統一通貨「円」を発行。明治14年の政変で失脚後は自由民権運動を指導、のち首相に。

NO. 40

UNDERSTANDING ECONOMICS: A HISTORICAL APPROACH

リスクヘッジの名手、ロスチャイルド家に学ぶ

日露戦争と戦時国債

ナポレオン戦争を利用して、金融帝国を作り上げたロスチャイルド家（P１４０）ですが、彼らの強みは、その巧みなリスクヘッジ（危険の回避）にあります。日露戦争時にもこの能力が発揮され、戦局にも影響を与えました。

日露戦争に突入した日本は、税金だけで戦費をまかなうことができませんでした。そこで、戦時国債を発行します。本題に入る前に、国債について説明しましょう。

財政赤字を穴埋めするには、**増税**のほかに**国債の発行**という方法があります。国が発行する債券です。納税は国民の義務ですが、国債の購入は任意です。買いたい人が買えばいいのです。国債を買ってもらうため、政府は国債に利子をつけ、元本も保証します。

たとえば「額面10万円で10年償還、年利２％」の国債を1枚買うと、10年後に償還され

るのは、「10万＋（10万×0.02）×10＝12万円」です。

ところが、**国債は債券市場で売買され、価格は変化します。**額面10万円の国債を８万円で買った場合、償還されるのは額面金額の10万円＋利子で12万円ですから、４万円の収益です。

このように、**購入金額と額面金額の差額を利子と合計したものが利回り**です。国債価格が下がれば利回りは上がり、国債価格が上がれば利回りは下がります。

財政危機を抱える国家が発行した国債は、その国の財政破綻により紙くずになる恐れがあります。こんなもの誰も買ってくれませんから、政府は高い利子をつけざるを得ません。市場価格が下がれば、利回りはさらに良くなります。

粉飾決済がばれてユーロ危機（Ｐ81）を引き起こしたギリシアの場合、国債が暴落して、10年国債の利回りが一時35％を超えました。こうなると危険です。

当時の日本国債は信用されていなかった

「１０００兆円もの巨額債務を抱える日本は、財政破綻する！」と騒ぐ人たちがいますが、日本の10年国債の利回りは、１％前後です。日本国債は１％の低利回りでもよく売れるのです。債券市場のプロたちは、日本政府が財政破綻するとは思っていません。

しかし、かつての日本はそうではありませんでした。

日露戦争当時、国民は貧しく、国内で売れる国債にも限度があります。そこで、日本の戦時国債を世界の金融センターだったロンドン市場で売りさばくため派遣されたのが日銀副総裁・高橋是清でした。

「この戦争はロシアの勝ち」が当時の常識でした。日英同盟を結んでいたイギリスでさえ日本が勝つとは思わず、日露戦争では中立を宣言して、日本国債もなかなか売れません。

是清は得意の英語を駆使して、日本国債（金利５～６％）の価値を宣伝しました。

「日本はこれまで、債務を踏み倒したことは一度もない」

「日本はロシアの侵略と戦っている。国民の士気は高く、必ず勝つ」

奇跡が起こります。ユダヤ系財閥クーン・ローブ商会の頭取**ジェイコブ＝シフ**が、日本国債を買ってくれたのです。しかも、第１回発行の１０００万ポンドの半分、５００万ポンドをポーンと。**日本の戦時国債の半分をユダヤ系財閥が引き受け、日本は戦費を調達することができた**のです。

シフはドイツのフランクフルトの出身で、同郷のユダヤ人財閥、ロスチャイルド家の米国におけるパートナーでした。ロシア帝国がユダヤ人を迫害していたから日本に同情的だった、と説明されますが、話はもっと複雑です。

　ロスチャイルド家はロシアのバクー油田（カスピ海油田）に莫大な投資をしていたため、公然と日本側を助ければロシア政府から制裁を受けます。そこで、**パートナーのシフに日本国債を買わせて、二股をかけた**のです。ナポレオン戦争のときも、ロスチャイルド家は英・仏に二股をかけて資産を守り、ワーテルローの戦いでの英軍勝利の情報を握るや、英国債を買いまくって莫大な利益を得ています。

　日本は勝ったもののロシアから賠償金は得られず、国民生活を犠牲にして高い金利を支払いながら国債の償還をしました。シフはもとをとったのです。日本国債への投資で巨利を得た金融資本には、シフのクーン・ローブ商会のほかに、リーマン・ブラザーズ社があります。これもドイツ出身のユダヤ人が創業者で、のちにクーン・ローブと合併し、２００８年に破綻、世界金融危機（Ｐ１６５）の引き金を引きました。

KEY PERSON

ジェイコブ・シフ

アメリカの実業家。ロスチャイルド銀行のパートナーとして、ニューヨークでクーン・ローブ商会を経営。日露戦争時に日本の戦時国債を大量購入し、日本を財政面で支えた。

世界恐慌から一番早く脱却した国は？

NO. 41

UNDERSTANDING ECONOMICS: A HISTORICAL APPROACH

高橋是清のデフレ退治

本書で何度もとり上げてきた世界恐慌ですが、実は、世界で一番早くこの恐慌から抜け出したのは日本なのです。それなのになぜ、日本は戦争の道を選んでしまったのでしょうか。第一次世界大戦前後から、その動きを見ていきましょう。

高橋是清は日銀を退職後、一時、首相を務めたのち、歴代内閣の大蔵大臣として、大正〜昭和初期の日本財政の舵とりをしました。

第一次世界大戦では遠いヨーロッパが戦場だったため、アメリカと日本は被害を受けず、軍需物資の輸出で空前の好景気になりました。

１９２０年代、輸出が止まって戦後不況がやってきます。これに追い打ちをかけたのが、**関東大震災（１９２３年）**でした。東京・横浜が壊滅的な被害を受け、資産を失った銀行や企業が発行した**手形（震災手形）が不良債権化**します。日銀は、4億3000万円もの震災手形を引き受けて、金融危機の回避を試みました。

ところが、実際には戦後不況で投資に失敗した企業の手形が震災手形に多数紛れ込んでおり、不良債権処理は難航を極めます。

第一次世界大戦中、金の流出を防ぐため金本位制（P42）を離脱していた各国は、戦後は貿易拡大のため次々と金本位制に復帰します。日本国内でも、**金本位制への復帰（金解禁）によって輸出を拡大**し、景気回復につなげると同時に、**経済を自由化して不良債権を抱える企業を淘汰すべきだ**という論調が高まり、若槻内閣の片岡直温《なおはる》蔵相もこの考えでした。

1927年3月14日、衆議院予算委員会で野党から金融政策を追及された片岡蔵相は、「本日正午頃、とうとう東京渡辺銀行が破綻いたしました」と答弁します。

「本日正午、渡辺銀行、支払いを停止せり」という官僚のメモを片岡が誤読したのですが、報道を知った人々がパニックに陥って一斉に預金引き下ろしに走り、多くの銀行が休業に追い込まれました。**昭和金融恐慌の始まり**です。

若槻内閣は総辞職し、立憲政友会の田中義一《ぎいち》内閣が発足。高橋是清が蔵相となり、日銀総裁の井上準之助に命じて大量の紙幣を印刷させます。札束を銀行窓口に積み上げて見せた結果、パニックはおさまりました。紙幣は信用によって支えられているのです。実は印刷が間に合わず、紙幣は片面印刷だったのですが……。

次の濱口《はまぐち》雄幸内閣の蔵相になった井上準之助は、念願の金解禁を断行します。ところがすでに世界恐慌が始まっており、**「嵐の中で雨戸を開ける」**結果となり、大量の金を流出させて日本経済は再びデフレ不況に陥ります。

濱口首相は東京駅で右翼の青年に撃たれ、内閣は総辞職。２年後に、井上準之助も射殺されます。

真の愛国者が国賊扱いされ……

不況は深刻で、大学を出ても就職はなく、困窮した農村では娘の身売り（人身売買）まで行われました。農村出身者が多い陸軍の青年将校たちの間では、「満州への移民による失業の解決」「悪徳資本家と腐敗した政党内閣の打倒」「軍事政権樹立」という昭和維新の運動が起こり、その結果、**満州事変**（１９３１年）を引き起こします。

犬養内閣の蔵相として復帰した高橋是清は、デフレ退治にとり組みます。**金本位制離脱、日銀による紙幣増刷、大規模な公共事業。**軍部が要求した満州事変関連の戦時予算もあっさり認めました。軍の暴走は不況が原因ですから、景気対策を最優先したわけです。この結果、**日本は世界最初に世界恐慌から脱却することに成功**します。

景気回復が軌道に乗り、デフレ脱却を確認した高橋蔵相は、一転して緊縮財政に転じます。無制限に紙幣を刷ればインフレがコントロールできなくなるし、無制限に予算を拡大していけば財政破綻につながるからです。だから無駄な予算を削る。軍事費も削る。

しかしこのことが、過激な青年将校たちの恨みを買うことになりました。

五・一五事件で犬養首相が暗殺されたとき、高橋蔵相は無事で、首相代行を務めました。次の斎藤内閣でも蔵相に留任しますが、**二・二六事件**（１９３６年）では私邸に乗り込んできた青年将校らによって、高橋是清は射殺されました。

高橋是清の死により、際限なき軍拡と戦争の時代が始まります。

KEY PERSON

高橋是清

大正～昭和初期の首相、大蔵大臣。昭和金融恐慌と、世界恐慌という2度の危機に際し、金融緩和と財政出動でデフレを克服。財政引き締めに転じて軍と対立し、暗殺された。

NO.
42
UNDERSTANDING ECONOMICS: A HISTORICAL APPROACH

ドイツを2度救った男

ハイパーインフレをどうおさめたのか?

ドイツは2度、死にかけました。**第一次大戦後のハイパーインフレと、世界恐慌下のデフレ**です。この2度の危機を乗り切って、「財政の魔術師」といわれたのが**シャハト**です。

戦争中の紙幣乱発が、戦後インフレを引き起こすのはよくあります。しかし、第一次世界大戦後のドイツのインフレは、もうひとつの要因がありました。**賠償金**です。

ドイツ軍に蹂躙された隣国フランスでは、ドイツに対して1320億マルクという法外な額の賠償金を要求しました。当時のドイツのGDPの実に20年分です。ドイツ政府は困惑し、「賠償支払いはドイツの経済復興を不可能にする」として、賠償支払いを停止しました。

するとフランスはベルギーと共同出兵し、ドイツ最大のルール工業地帯を丸ごと差し押さえます（ルール占領）。鉱工業製品を現物賠償としてとり立てるためです。ドイツ政府は労働者にストライキを呼びかけ、工場も鉱山も無期限で操業を停止しました。

その一方で、労働者の賃金支払いのため紙幣の発行を続けたため、カネ余りモノ不足のインフレーションが始まります。

「物価1兆倍のインフレ」との戦い方

「3年間で物価が2倍を超える」ことをハイパーインフレーションといいます。しかし、このときのドイツのインフレは、半年で物価が1兆倍という、世界史上、空前絶後のすさまじさでした。中央銀行が発行する高額紙幣もどんどん紙くずになっていきます。

政府からインフレ収束を任されたシャハトはレンテン銀行を創設し、新紙幣レンテンマルクを発行します。旧1兆マルク＝1レンテンマルクのレートで旧ドイツマルクを回収、焼却処分しました。新通貨発行によって人々の信用を回復し、パニックを防ぐためです。このように、**新通貨で通貨単位を切り下げることをデノミネーション**といいます。

中央銀行総裁に昇格したシャハトは、アメリカからの投資を促進してドイツ経済を復活させ、税収を増やして賠償支払いに充てる計画（ドーズ案）を支持します。

すべてがうまくいっていたのに……

こうしてドイツ経済がアメリカ資本にどっぷり依存したとき、ニューヨークで株価が大暴落して世界恐慌が始まります。運が悪かったとしかいいようがありません。

アメリカ資本はドイツから引き揚げ、資金不足に陥った企業は倒産に追い込まれました。さらにイギリスが始めたブロック経済は、ドイツの輸出市場を奪いました。失業者が40％を超え、革命を叫ぶ共産党が、反共を掲げるナチスと街頭で衝突を繰り返します。

恐慌はモノ余りのデフレ不況です。財政出動（税金や国債売却で得た資金を公共事業に投資すること）でデフレ脱却ができると考えたシャハトは、第1党となったナチスに接近します。ナチスは素人集団で、経済政策となると無策でした。

ナチスさえも利用しようとする

「彼ら（ナチス）は統治できない。私が彼らを使って統治する」

と豪語したシャハトは、ヒトラー政権の中央銀行総裁と経済相を兼ね、第1次4カ年計画を立てます。**紙幣を増刷**して**アウトバーン（高速道路）などの公共事業と再軍備**に投じ、国民の所得向上を約束しました。

この結果、失業者は激減し、デフレ脱却に成功します。そして、「これ以上の紙幣増刷は危険だ」と考えたシャハトは緊縮財政に転換し、軍事費増大にもブレーキをかけようとします。

しかし、際限なき軍拡を求めるヒトラーは、頑として応じないシャハトを解任します。二・二六事件で殺された高橋是清の運命と重なります。第2次4カ年計画を立てたゲーリンクは、「財源なんか気にするな。戦争に勝てばどうにでもなる」という態度。めちゃくちゃです。敗戦が濃厚となった大戦末期、シャハトはヒトラー暗殺事件に関与したとして強制収容所に収監されます。敗戦後は連合国に逮捕され、戦犯としてニュルンベルク軍事裁判で裁かれましたが、ヒトラーの軍拡要求に体を張って反対した点が評価され、無罪判決が下ります。その後もエジプトの財政顧問を務めるなど、「財政再建のプロ」として一線で活躍しました。

KEY PERSON

シャハト

ドイツ中央銀行総裁。20年代のハイパーインフレを新通貨レンテンマルクの発行により収束。世界恐慌下、ヒトラー政権に入閣してデフレを克服するが、軍拡に反対して失脚。

アベノミクスの世界史的意味

NO. 43

UNDERSTANDING ECONOMICS: A HISTORICAL APPROACH

デフレから脱却するには?

世界恐慌はデフレ(通貨不足)です。**財政出動(公共投資)と金融政策(紙幣増刷)**で通貨を供給すればいいのです。高橋財政、米国のニューディール、シャハトの4カ年計画、みな同じです。イギリスの経済学者ケインズが理論化し、**ケインズ主義**といいます。

ケインズ主義と第二次世界大戦の軍需景気は、世界恐慌から各国を立ち直らせました。この成功体験から、大戦後もしばらくはケインズ主義の時代が続きます。

日本列島改造論は正しかったのか?

日本では、新潟県の豪雪地帯出身の田中角栄首相が、「裏日本」と呼ばれ、開発が遅れていた日本海側を中心に、高速道路や新幹線で交通インフラを整備し、景気回復と中央・地方の経済格差是正をはかる日本列島改造論をぶち上げました。まさにケインズ主義です。

高橋財政と田中の列島改造論は、財政出動という点で同じですが、高橋財政がデフレ下で行われたのに対し、**田中角栄はインフレ時にこれを行った点が違います。結果、財政は悪化し、インフレを加速させてしまいました。**糖尿病の患者が、大食い競争に参加したようなものです。

田中角栄の失脚後も、後継者の竹下登や小沢一郎が公共事業を続けます。彼らの懐には、公共事業発注で潤った建設業界から莫大な献金が流れ込み、田中派（竹下派）は自民党内最大派閥となります。これに挑んだのが小泉純一郎です（P118）。

米国でも、1960年代までケネディ・ジョンソンの民主党政権が公共投資を続けた結果、国民は豊かになった反面、政府は財政赤字に苦しみます。ヴェトナム戦争介入による軍事費増大と第1次石油危機による物価高騰も、財政赤字に追い打ちをかけました。

このようなケインズ主義的な財政政策に対して激しい批判を開始したのは、シカゴ大学のミルトン＝フリードマン教授を中心とする**新自由主義者**です。

「公共事業は税金の無駄。産業保護は民間活力を削ぐ。政府は貨幣量の調整だけ行え」

1980年代、レーガン大統領が新自由主義的な経済政策、**レーガノミクス**を開始。イギリスでも「鉄の女」サッチャー首相が国営企業民営化と、公務員削減を断行します。

日本でも１９８０年代の中曽根康弘内閣が国鉄をＪＲ各社に分割・民営化しました。橋本龍太郎内閣の「構造改革」（１９９０年代後半）、小泉純一郎内閣の「聖域なき構造改革」（２０００年代前半）が、新自由主義的な政策です（Ｐ１２１）。

「病人のダイエット」による長期デフレへ

「自民党をぶっ壊す！」と叫んだ小泉首相は、党内での権力闘争に勝利するため緊縮財政に転じ、田中派の権力基盤だった道路公団と郵政省の民営化を断行します。

バブル崩壊後の日本で、**橋本や小泉が公共事業削減などの新自由主義を採用した**ことは、**デフレを長期化**させました。病人がダイエットをするようなものです。

何が正しいかは、状況によって変わるのです。

リーマン・ショック以降、欧米諸国も長期のデフレに苦しみますが、デフレ下の新自由主義が逆効果になることを、「失われた20年」の日本が証明したわけです。

２０１２年、「デフレ脱却」を掲げて政権を奪回した第２次安倍政権は、金融緩和と財政出動を同時に行なう**ケインズ主義的な経済政策――アベノミクス**を打ち出しました。

日本はこれからどの道へ進むのか？

個人の経済活動の自由を最高の価値とする新自由主義は、欧米では「右派」と見なされます。一方、大きな政府が財政出動によって経済を活性化するケインズ主義は「左派」です。**安倍内閣は経済政策的には左派政権**ということになります。長い視野で考えれば、

1 19世紀の古典的自由主義（古典派経済学）
2 １９３０年代、世界恐慌に始まるケインズ主義
3 １９８０年代、ケインズ主義の限界から新自由主義（レーガノミクス）
4 ２０１０年代、世界金融恐慌に始まる新ケインズ主義（アベノミクス）

アベノミクスの成果はまず株高（日経平均７０００円台→２万円台）、ついで完全失業率の低下（５％台→２％台）として数字に表れました。経済成長率もプラスに転じ、デフレを脱却しつつあります。

KEY PERSON

フリードマン

アメリカの経済学者。新自由主義の祖。財政危機の原因はケインズ主義にあるとし、歳出削減と減税、小さな政府を提唱。レーガン政権の経済政策に影響を与えた。

消費税の功罪

NO. 44

UNDERSTANDING ECONOMICS: A HISTORICAL APPROACH

消費税（間接税）のメリットと危険性

２０１３年、安倍内閣が消費増税を決定しました。民主党・野田内閣のときに国会を通過した法律、「現行の５％↓８％（２０１４年）」を、予定通り実施すると決定したのです。

そもそも、「税金」って何のために集めるもの？

国家の最低限の役割は、防衛と治安維持と福祉です。

個人が武装して、「自分や家族の生命・財産を守り、老後の生活も他人には頼らない」という立場であれば、国家は必要ありませんし、税金を払う必要もありません。

それとは逆に、「そんな生活は嫌だ、防衛や治安維持はプロ（軍・警察）に任せて、老後は国に面倒を見てもらいたい」というのであれば、政府の財政支出を国民が分担する義務が生じます。

では、政府はそのためのお金をどこから調達するのでしょうか。

大航海時代、アメリカの銀山を独占したスペインや、中東の産油国のような資源大国なら資金調達も容易です。しかし日本の場合、主だった資源があるわけではなく、日本近海の海底に眠るメタンハイドレートの実用化にしてもまだまだ先の話です。

ちなみに、発展途上国の多くは、世界銀行や外国からの借款《しゃっかん》に頼っています。これは、利子をつけてあとで返さなければなりません。外交的にも不利な立場に置かれます。

1000兆円の借金をチャラにする方法

残る方法としては、**国民の資産を、政府の資産**に移すことです。

日本国民の個人金融資産（現金・預金・株式・債券）は約1800兆円。米国（約６４００兆円）に次いで世界２位です。日本政府の借金が約１０００兆円ですから、外国から１円も借りなくとも、国民の資産を政府に移すだけで、政府の借金をチャラにできます。

それでは、どうやって日本国民の資産を日本政府の資産に移すのか？
方法は2つあります。**国債の発行と増税**です。国債は政府が発行する借金証書ですね。

日本国債とギリシア国債、その大きな違いとは？

国債を発行するとなると、「日本政府の借金は1000兆円を超えた！　このままではギリシアのように破綻する！」と不安を煽る人たちがいます。

しかし、ギリシア国債は外国人が買っているのに対し、日本国債の約95％は日本国民が買っているのです。ギリシア政府が支払う国債の利子は外国人に流れますが、**日本政府が支払う国債の利子の約95％は日本国民へ流れます。**

「約1000兆円は、国民1人当たり○○万円の借金だ！」というのも嘘です。国民が政府にカネを貸しているのですから、本当は、「約1000兆円は、国民1人当たり○○万円の債権だ！」という言い方のほうが正しいのです。

また、国（政府）の資産が約650兆円もありますので、実際の「借金」は差し引き約400兆円と考えることもできます。しかしいずれにせよ、政府は国民に国債の元本と利息を返さなければならないので、「国債発行は財政赤字の根本的な解決にはならない」というのが財務省の考え方です。

消費税（間接税）のメリットと危険性

そこで増税です。税には直接税と間接税があります。

直接税は、企業や個人の所得（利益）に課税する法人税や所得税のことです。税務署が企業や個人の所得を正確に把握するのは大変です。赤字の場合は納税を免除されますし、外国の銀行に資金を移してしまえば、課税できません。脱税を完全に防ぐのは困難です。

間接税はモノの売買に対して課税するもので、物品税や消費税のことです。

消費税は脱税が難しく、一律何％と決まっているので計算も楽です。とりっぱぐれのない消費税によって、民間資金を政府に移すという判断は一見、合理的です。

しかし消費税という形で民間の資金を政府に移せば、景気が悪化します。なぜなら、民間で流通するお金を政府が吸収するわけですから、貨幣量の減少（デフレ）が起こってしまうからです。

古代ローマ帝国の財政を支えたのは、すべての取引に一律1％を課した物品税でした。軍事負担の過重で財政難に陥ると、政府が物品税を引き上げたためデフレを招き、長期にわたる帝国の衰退を引き起こしました（Ｐ１７０）。消費税は「諸刃《もろは》の剣」なのです。

近代の消費税は第一次大戦中のドイツに始まり、１９２０年代に欧州各国が導入しました。欧州各国では、10～20％の高い消費税を課す一方で、食料品などの生活必需品には5％程度の低い税率を課し、低所得者への負担を軽減しています。これを**軽減税率**といいます。アメリカでは、消費税の代わりに売上税が多くの州で導入されています（最高10％）。

日本経済と消費税の歴史を振り返る

日本における消費税３％の導入は、竹下登内閣のとき（１９８８年）です。バブル経済の最中だったので景気に影響はなく、むしろ過度のインフレを抑制する効果が期待されました。

バブル崩壊（１９９１年）後、**５％への引き上げは橋本龍太郎内閣のとき（１９９７年）**ですが、消費税と公共事業削減という2つのブレーキを同時に踏んだため、15年続くデフレ不況に突入しました。

15年後、「デフレからの脱却」を公約して政権の座に就いた第2次安倍政権（２０１２

年～）は、積極的な経済政策（アベノミクス）を打ち出しました（P214）。

アベノミクスの政策的矛盾とは？

アベノミクスの柱である**日銀の金融緩和（円の増刷）と国土強靭化（大規模公共投資）は、政府の資金を民間に移すインフレ誘導政策**です。この結果、株価も賃金も上昇を始め、2020年の東京五輪招致も決まって明るい雰囲気になりました。

その一方で、5%→8%（2014年）の**消費増税は、民間の資金を政府へ移すデフレ誘導政策**です。アベノミクスは冷水を浴び、景気回復は頭打ちになりました。アクセルを吹かしながらブレーキを踏むということですから、政策的に矛盾するわけです。橋本政権の轍を踏まぬよう、慎重なかじとりが必要です。

KEY PERSON

橋本龍太郎

日本の首相。バブル崩壊後の金融危機に対処するため、新自由主義的な構造改革を採用。公共事業の大幅削減、消費増税（3%→5%）を断行。日本はデフレ経済に突入した。

おわりに

「民主政治においては、人々は自らにふさわしい政府しか持てない」

（アレクシ・ド・トクヴィル）

古代ギリシア以来、「宇宙の中心は地球だ」（天動説）、「いや太陽だ」（地動説）という論争がありました。中世には、『旧約聖書』の記述に合致する天動説が真理とされ、地動説は「異端」として処罰されました。ジョルダーノ・ブルーノという学者は、公然と地動説を唱えたために逮捕され、ローマで宗教裁判にかけられ、有罪判決を下されて火あぶりになりました。

実は理論的には、天動説も地動説も論証可能なのです。天動説のほうが、説明が複雑になるだけです。ガリレオ・ガリレイは天体望遠鏡を作って天体観測を行った結果、地動説の正しさを確信します。

「消費増税は正しいか、誤りか」

「ＴＰＰ参加は正しいか、誤りか」

経済理論上は、どちらも論証可能なのです。「理論」の枠の中だけで延々と議論を続けても、中世の神学論争や宗教裁判のように不毛な結果しか生まれません。ガリレイが天体望遠鏡で夜空を覗いたように、私たちは経験（歴史）を通じてのみ、何が正しいか判断することができるのです。

成熟した民主主義国家において、最終的に国の方向性を決めるのは学者や官僚ではなく、主権者たる国民であり、選挙を通じて国民が選んだ政治家です。国民の意識が高くなれば、それに応じた政治家が生まれます。衆愚政治に陥らないためには、国民の意識改革が必要なのです。

本書がその入門書として、少しでもお役に立てれば幸いです。

[わ]

索引

[ま]

[み]

[む]

[め]

[も]

[に]

[ね]

[の]

[は]

[ち]

[つ]

[て]

[と]

[な]

[く]

[け]

[こ]

索引

索引

[アルファベット略字]

AFTA（ASEAN自由貿易地域） 115
AIIB（アジアインフラ投資銀行） 59
APEC（アジア太平洋経済協力） 115
ASEAN（東南アジア諸国連合） 73
EC（欧州共同体） 33
ECB（欧州中央銀行） 33
EPA（経済連携協定） 114
EU（欧州連合） 34、81、114
FRB（連邦準備制度理事会） 19
FTA（自由貿易協定） 114
G5（主要5カ国） 65
GATT（関税・貿易に関する一般協定） 110
GE（ゼネラル・エレクトリック社） 155
IBRD（世界銀行） 56
IMF（国際通貨基金） 56
ISD条項 117、127
MERCOSUR（南米共同市場） 115
NAFTA（北米自由貿易協定） 115
NIEs（新興工業経済地域） 71
NISA（小額投資非課税制度） 146
TPP（環太平洋戦略的経済協力協定） 95、124
WTO（世界貿易機関） 112

読書案内――もう少し先へ進みたい方へ

本書は、経済の世界史の「入口」にすぎません。興味を持たれた方のために、本書執筆に際して参考にした文献のうち、読みやすいものをご紹介します。

『貨幣進化論』
岩村充著（新潮社）2010年

「パンの木の島」という寓話を使って市場と貨幣の発生を説く部分は秀逸。金本位制の成立と崩壊、金融危機以後の混迷を概観し、19～20世紀という「経済の持続的な成長」の時代が終わった後の通貨のあり方を提言する。著者は日銀を経て早大ビジネススクール教授。

『マネーの進化史』
ニーアル・ファーガソン著　仙名紀訳（早川書房）2009年

メソポタミアにおける金融の発生に始まり、貨幣・銀行・紙幣・保険・バブル・恐慌・ヘッジファンドなど、欧米を中心とする金融の世界史を要領よくまとめた入門書。リーマンショックの直後に出版された。著者は米国ハーヴァード大学の歴史学（金融史）の教授。

『マネーを生みだす怪物』
G・エドワード・グリフィン著　吉田利子訳（草思社）2005年

原題は『ジキル島の怪物《クリーチャー》』。米国の中央銀行のように偽装して結成された金融資本のカルテルである連邦準備制度の設立を決めたジキル島会談（1910年）を軸に、南北戦争、ルシタニア号事件、ロシア革命、ＩＭＦ設立の陰で暗躍する国際金融資本の姿を描く大作。「一つの世界《ワン・ワールド》」を目指すグローバリズムと、フェビアン協会など社会主義思想との接点も明らかにする。

読書案内

『国家対巨大銀行』
S・ジョンソン／J・クワック著　村井章子訳（ダイヤモンド社）2011年

原題は『13銀行《バンカーズ》』。アメリカ建国の父T・ジェファソンと金融資本との暗闘から説き起こし、クリントン政権下で完成した国際金融資本とアメリカ財務省との複合体が、世界金融危機を引き起こした構造を論じる。著者はMIT教授で、米国を代表する経済ブロガーの1人。

『大君の通貨――幕末「円ドル」戦争』
佐藤雅美著（文藝春秋）2003年

イギリスの初代駐日公使オールコックの目を通じて、開国後の金貨流出をめぐる幕府と外交団との「通貨戦争」を描く。ややこしいテーマだが、歴史小説の形なので理解しやすい。

『お金から見た幕末維新――財政破綻と円の誕生』
渡辺房男著（祥伝社）2010年

戊辰戦争から明治維新、日銀誕生までの「円」の誕生をめぐるエピソードをまとめている。明治初期の通貨の図版が豊富で楽しい。

『日露戦争、資金調達の戦い――高橋是清と欧米バンカーたち』
板谷敏彦著（新潮社）2012年

司馬遼太郎の『坂の上の雲』をはじめ日露戦争を扱った作品は数多い。しかし発展途上国だった日本が膨大な軍事費を、誰がどこでどうやって調達できたのかにテーマを絞ったものは、一般書としては本書が初。著者は日興証券、みずほ銀行などを経て投資顧問会社を経営。

『円の支配者』

リチャード・A・ヴェルナー著　吉田利子訳（草思社）2001年

戦後日本を支配した5人の「プリンス」――日銀総裁が、半世紀にわたる日本政府・大蔵省との抗争を経て「中央銀行の独立」を手にしたこと、バブル経済とその後のデフレに対する日銀の無策は、実は無策ではなくて「周到に計画されたものだった」という主張は衝撃的。著者はドイツ人。東大大学院で日本経済を専攻。

『日本銀行　デフレの番人』

岩田規久男著（日本経済新聞出版社）2012年

デフレの原因を、人口減少、グローバル化、産業構造の非効率…に求める俗説がすべて誤りであり、日銀による通貨発行の制限が最大のデフレ要因であることを論証する。著者は学習院大経済学部教授で昭和恐慌研究会を主宰。第二次安倍内閣のもと日銀副総裁に就任した。

『拒否できない日本』

関岡英之著（文藝春秋）2004年

米国の日本に対する「年次改革要望書」の存在と、「構造改革」の本当の意味を明らかにしたのがこの本。ブッシュ・小泉の蜜月時代に書かれたもので、著者の怒りが伝わってくる。「なぜ拒否できないのか？」、日本の戦後体制そのものを問い直すためにも必読の書。

読書案内

『ＴＰＰ亡国論』
中野剛志著（集英社）2011年

ＴＰＰ（環太平洋経済連携協定）への日本の参加をめぐる「バスに乗り遅れるな」的な論調を「戦略思考の欠如」と批判し、ＴＰＰ参加の危険性を指摘。グローバリズムに対抗する健全な経済ナショナリズムの必要を訴える。著者は経済産業省の官僚で京都大学助教。

『勘定奉行　荻原重秀の生涯』
村井淳志著（集英社）2007年

江戸幕府の財政危機を打開し、元禄バブルを現出させた有能な経済官僚でありながら、儒学者の新井白石に糾弾されて失脚、腐敗官僚の権化のように貶められてきた荻原重秀の実像にせまる。歴史は、それを書く者によって「作られる」ことを改めて痛感する。

『天命——朝敵となるも誠を捨てず』
芝豪著（講談社）2010年

幕末、備中松山藩の藩政改革に成功した陽明学者・山田方谷の生涯と業績を、家族・学友・藩主・使用人など彼をとり巻くさまざまな人々の視点を通じて歴史小説の技法で描く。河井継之助との別れの場面や、討幕軍との交渉の場面は胸を打つ。

『検証　財務省の近現代史——政治との闘い150年を読む』
倉山満著（光文社）2012年

大蔵省の成立からはじまり、衆議院、陸海軍、ＧＨＱ、自民党田中派、日銀との抗争、財務省・金融庁への解体までの歴史をわかりやすく概観している。「最強の官庁」という自負心から国益を守ろうとした大蔵省の敗北とトラウマ、増税論議の深層を明らかにする。

［著者］
茂木 誠（もぎ・まこと）
東京都出身。駿台予備学校・N予備校世界史科講師。
「東大世界史、難関国立大世界史」等の講座を担当する実力派。iPadを用いて映像を駆使したストーリー仕立ての講義は、「歴史の流れ」がわかると大好評。予備校の東大受験クラスから進学率ゼロの高校に通う現役生まで、あらゆる学力の生徒を教えるテクニックがある。予備校講師とは別に、現代ニュースを歴史的な切り口から考察する『もぎせかブログ』を運営するブロガーとしての顔も持つ。
一般書の執筆は本書が初。世界史の参考書のほか、『世界史で学べ！ 地政学』（祥伝社）、『世界史を動かした思想家たちの格闘――ソクラテスからニーチェまで』（大和書房）、『ニュースの“なぜ？”は世界史に学べ』シリーズ（SB新書）、『ニュースの深層が見えてくる サバイバル世界史』（青春新書）、『世界史とつなげて学べ 超日本史』（KADOKAWA）など一般向けの著書多数。

●もぎせかブログ館
政治・経済・外交・軍事など時事問題中心のブログ

●もぎせか資料館
大学受験世界史の解説・講義（録音）・ノート・問題集

経済は世界史から学べ！

2013年11月21日　第1刷発行
2018年3月2日　第14刷発行

著　者――――――――茂木 誠
発行所――――――――ダイヤモンド社
〒150-8409　東京都渋谷区神宮前6-12-17
http://www.diamond.co.jp/
電話／03･5778･7236（編集）　03･5778･7240（販売）

装丁・本文デザイン・イラスト――中村勝紀（TOKYO LAND）
校正――――――――――鴎来堂
製作進行――――――――ダイヤモンド・グラフィック社
印刷――――――――――堀内印刷所（本文）・加藤文明社（カバー）
製本――――――――――川島製本所
編集担当――――――――中村明博

ISBN 978-4-478-02364-8